中国
儿童原创艺术研究
系列丛书

儿童原创艺术引导

Guidance for the Children's Original Art

主　编：杨景芝

副主编：郭宝林　张英夫　龚虹辉

编　委：王秋月　王梅青　袁　奕
秦明智　舒　鹏　陶　红
李大飞　郭　涵　席　群
陈　旺　张　静　李中春
孟掌红

长江出版传媒
湖北美术出版社

序　言

美术教育是美育的重要组成部分，对青少年提高审美修养，丰富精神世界，培养创新意识，促进全面发展，有着其他教育学科所不可替代的作用。

美术作为视觉艺术，在儿童自主学习中具有以下特性：

（一）直觉性。儿童在观察、体验中认识世界、获取知识，提高认知力、感知力和形象思维能力。

（二）实践性。儿童在游戏中动手运用工具材料，使脑、眼、手协调活动，不断掌握艺术创作技能。

（三）创造性。儿童不受真实局限，通过想象创造视觉艺术语言。

（四）情感性。艺术作为人类交流情感、传达信息的载体，带有浓厚的情感色彩，能打动人的心扉，提升人的生活品味。

（五）愉悦性。艺术活动使儿童得到快乐和满足，所创作的成果会使他们增强信心，养成良好的习惯和品性。

因此，美术教育的学科价值应体现在以下几个方面：

（一）开启生命潜能，点燃儿童内心深处用形象表现生活感受的欲望。

（二）充分发展儿童对空间的想象力和创造性思维能力。

（三）依靠感官激发情智，培养欣赏美、表现美的习惯和能力。

（四）传承经典文化艺术，提高审美素养和精神境界。

（五）因材施教，尊重个性表现，推进思维能力不断发展。

美术教学的原则应该是：

（一）紧密结合儿童生活实际，选择能激发美感和想象力的题材内容进行艺术活动。

（二）用多学科文化知识和视觉艺术形式，通过直观教学打开创作思路，唤醒表现欲望。

（三）师生在互动中相互启发，在共同探索的过程中，帮助儿童发展艺术能力。

（四）紧密结合儿童不同阶段心理发展特征，鼓励儿童在实践中积累经验，认识和总结造型规律，提高艺术鉴赏水平。

（五）重视艺术个性的发展，为儿童创造多元发展空间，使不同儿童都能感受艺术活动的愉悦，从而使儿童通过艺术活动舒展心绪、修身养性、意趣高雅、创新进取，在智力、情感、人格素养诸方面得到均衡发展。

教师在教学中应该怎样教？如何帮助每个学生解决遇到的问题和难点，考验着每位教师的教学智慧。教师自身的专业水平、艺术修养会直接影响到学生的学习效果。古人说得好：“授人以鱼，不如授人以渔。”我们不能用灌输、模仿的方法传授成人化、模式化的知识技能，要使儿童在艺术活动中，不断通过知觉感受激活内在的活力，帮助他们发展观察力、记忆力、想象力和创造力，在教师不断的提示和引导下，积累生活经验，提高艺术创作水平，感悟艺术的创作规律和方法。教学中应避免直接用儿童不能理解的专业名词术语，要采用儿童能接受的方法，将适应儿童艺术发展的需要，作为选择知识点的依据，在实践中逐步引导学生掌握造型基本规律，让学生自己总结经验，提高自身的艺术表现能力和人文素养。比如：我们在教学实践中发现，儿童画复杂的不规则形比画简单的规则形更有助于推动和发展思维活动，表现形象特征，从而打破了传统教材从几何形入手，由简入繁的戒律。还发现画面构成由儿童自由组合发展画面，比教师规定构图形式、传授构图法则，更能激发学生学习的热情。在色彩方面，我们发现鼓励儿童自由运用色彩表现美感，比学习写实色彩方法进行再现性表现，更符合儿童的特色。因此，儿童的美术教育不同于成人化专业系统的美术教育，具有适应性、跳跃性、灵活性、实践性、独特性、综合性、潜移默化等特点，教学中应着重掌握以下造型基本方法：

（一）对比方法

1.主体与背景的对比通过色彩的深浅对比、冷暖对比、线的排列组合的疏密对比等表现。

2.线造型的美感通过线的排列、组合、疏密、繁简、轻重、粗细、曲直、刚柔对比表现。

3.色彩对比通过色的深浅、冷暖、鲜灰对比以及色调统一和谐表现。

4.形的大小、形状、整体与局部对比。

5.色调的黑白概括和黑、白、灰对比。

抓住这些要点，使儿童领会画面构成的美感因素，把造型基础与创作有机结合，避免延续传统教学那种先打基础再进行创作的旧观念。

（二）画面形式

儿童绘画往往不需要预先设计若干小构图，推敲画面形式结构，因为他们不具备理性的艺术思维能力。儿童通过生活体验和感受，产生对美的表现欲望，直接动手从认为最主要的形象表现，逐步根据剩余空间发展画面。教师可以在过程中因势利导，帮助学生完善画面。通过画面组合、取舍、黑白概括等方法，使学生在实践中积累经验，由无意识的艺术表现，逐渐理解和掌握艺术形式法则，如均衡、对称、秩序、节奏、韵律、观念表达等，从而提高自身的审美素养和视觉艺术表现能力。

（三）材料选择

根据儿童不同发展阶段，选择适合儿童运用和掌握的美术材料和方法，使儿童易于接受，并能自由创新运用，打破对艺术技能的迷信和困惑，获得运用艺术语言表现美感的自信，使艺术活动成为儿童生活中不可或缺的一部分。教学可以打破画种形式，综合利用各种表现手法，自由创造新形式。

（四）中外经典艺术作品赏析

在中西文化多元发展的大环境下，我们应认真遴选适合儿童学习和欣赏的美术作品。当儿童对各种门类的艺术作品尚不具备鉴别能力时，儿童的艺术启蒙教育如同婴儿吃的第一口奶，一定得吃对、吃好、吃健康。中外经典美术作品是人类长期文化发展中的精品，继承和发展中华优秀传统文化更是基础美术教育的重要内容。艺术欣赏不仅是为了增加美术知识，更重要的是提高儿童对艺术的理解，从中受到启发和感染。我们为儿童选择美术作品应以真、善、美为准则，那些“丑”的、怪诞的作品虽然也属于审美范畴，但并不是我国社会的主流意识，对于儿童稚嫩的心灵，要以社会主义核心价值观为主导，以正面的、阳光的、积极向上的生活态度树立正确的艺术观。

儿童艺术的健康发展，需要正确的教学引导，既要保护儿童艺术的原创性，同时也要适时地以适合他们接受的科学方法，帮助他们发展自身的潜能，使他们在艺术创作活动中，不断探索和感悟艺术创作规律，不断提升人文素养和艺术创作水平。

本书由从事儿童原创艺术发展研究的15位教师撰写，他们在长期的少年儿童美术教学实践中，积累了丰富的教学经验，各自探索出不同的教学特色，获得了卓有成效的教学成果。他们从教学的不同方面，以自己的切身体会，介绍他们的教学经验和教学实例，无私地将自己多年摸索出的宝贵经验介绍给大家。

本书提供给读者的教学经验只能是美术学科体系中的冰山一角，更多的实践经验有待大家共同开发。

杨景芝

杨景芝　2016年6月

于首都师范大学美术学院

目录 CONTENTS

第一章

以美铸魂

第一章 以美铸魂

第一节 走进儿童的心灵深处

时间可以是一个点，也可以呈现为一条线，点可大可小，线也有宽度。儿童原创艺术引导，既有单幅作品的引导，也有人的整体成长引导；既有绘画技巧的引导，也有心灵成长的引导。它是一个动态的、发展的、随时提高的过程。单幅作品可以看成是一个点，点上的作品是否用心灵、用情感去完成，决定了线的宽度和深度。

一、踮着脚尖想画的欲望

幼儿的成长，呈现的是一种充满活力的生命状态。这是一个活生生的精灵：活泼俏皮，纯洁清透，睿智好奇。绘画对于幼儿来说，更多的是玩，在玩中画。我觉得这个阶段的主要任务，是要带着孩子玩，玩进去，用心玩，用心画，玩出孩子本身的鲜活，画出生命自然舒展的状态。只要给孩子一支笔，他们就会不停地涂啊涂，纸上涂，地上涂，墙上涂，涂完下面涂上面，而且不停地往上涂，再往上涂，踮着脚尖往上涂！这是心灵的愿望，更是生命的渴望。我觉得这个时候的教育，是参与，而不是主导。除了尊重生命，尊重这份渴望，最好别干扰他们，如果确实需要引导，也是顺着他们的快乐往前走。我们只需要蹲下来与他们平等沟通，把自己也当孩子，一起玩，痛快地玩，你一笔我一笔，玩进去，画进去，心与纸笔相融，孩子内心的愉悦自然地就出现了。孩子的画面，那种扑面而来的生命气息，自然就呈现了。

果树　张奕清　4岁

满树的果子，也是一起玩出来的。这是妈妈吃的果子，那是爸爸吃的果子；黄色的果子给小鸟吃，白色的还差一点点长熟，红色的有香味飘出来啦。两人一路叽叽喳喳，边说边画，兴奋得果子都长到天上了……

送给妈妈的玫瑰花　张浩悦　4岁

陪他玩时，他画一笔我画一笔。送一朵紫色的玫瑰，送一朵红色的玫瑰；来一支大的，来一支小的；两支一起送，三支一起送……送着送着，一幅满满的爱的花，活灵活现了。

看小区水族馆里的观赏鱼，成了他生活中不可或缺的一部分。也许他内心就渴望自己是一条小鱼，自由自在。让他画开心的事，两笔就把鱼给画出来了。三角形的鱼鳍，尖而有力，渴望着既有鱼的自由，又有男孩子内心当男子汉的气概，难怪这条鱼画成了红色的。远处的鱼缸，自信而舒展，水也潇洒自如。

大红鱼　张奕清　4岁

莲蓬开花了　丛以森　5岁

男孩子的活力是扑面而来的。两枝莲蓬随性而长，布满整个画面，一朵黄色的莲花趁势抢位，粉蓝色的一笔长涂，整幅画气势出来了，活力也出来了。其余的色彩，随心而点，随性而涂，画面气氛热闹又阳光。

公主的乐园　陈若鸿　6岁

既是乐园，那就开心玩吧！花正开，蝶也来，蜂儿飞，云自在，玩着玩着，公主都不见了。除了心里的快乐，心灵的愉悦，具体画得像什么，自己都玩得忘记了。画完了，公主不见了，只剩下公主的快乐……

下雨天，爸爸给妈妈打雨伞　周嘉怡　5岁

一把雨伞，撑起了大半个画面，也把内心的爱，撑得满满的。雨太大，爸爸的表情有点怪怪的，但妈妈的脸上却是洋溢着幸福的微笑。这笑，是教不出来的，只有来自内心，来自对父母的深深的爱，才能随心自然表现。

为了实现这种内心“踮着脚尖想表现的欲望”，用绘画表现出那份扑面而来的生命气息，我在教学中，引导的方法有以下六点：

1. 心态：在教学情感上，要有一份大爱之心，一份蹲下来用心陪孩子一起成长的决心和信心。这是引导孩子进入心灵深处的情感基础。

2. 方式：在教学方式上，需要抛开成人的美术术语，巧用幼儿所能理解的语言，生动风趣，又无声无息地把美感融进去。营造情境，调动情绪，画面才会有真情和活力。

3. 选择：在课题的选择上，避免简单化、概念化、模式化。要根据幼儿阶段的生理、心理特点，从日常生活中，孩子们能感受、感知，容易画出内心情感的角度选择课题。

4. 方法：在绘画材料的使用上，用大幅的图纸，对开左右，这样能更好地发挥孩子们天马行空的绘画感觉。

5. 参与：在教学中，要求父母同时参与，告知他们如何引导孩子观察事物，感知事物。例如：同样是花，在引导观察上，可以从花的形状、颜色，叶子的长短、粗细等角度去锻炼孩子观察的敏锐性；从成长习性上，引导思考为什么花儿在七八点最艳，十点之后会萎缩（因为上午十点开始太阳光越来越强烈，花儿自我保护），这样可以引导学生对外界的感知能力与内在的心灵感受同时成长。

6. 认知：教学中，要求父母亲与老师的教育观点同步，告知他们“艺术是从来也不着急的”。幼儿阶段不是要画像一个什么东西，而是要培养孩子的绘画兴趣，培养孩子的眼，培养孩子对美的纯真的感知，让孩子发自内心地去画，用心去表述，在快乐中以美滋养心灵，孩子内心那份“踮着脚尖想画的欲望”才能呈现出那份扑面而来的生命气息。

在教学引导过程中，如何根据孩子的画面来实时引导、提高、发展孩子画面上的美感，这是最大的难点。如《彩色的贝壳》中右边的贝壳，小作者一开始是拿着笔机械地平涂，只是涂完了，平淡无奇。等她涂第二只贝壳时，我及时提示她，笔上的颜色可不可以多蘸一点。颜色一多，粉色颜料的流动性特点就容易出来，这样可玩性就大。所以第二只贝壳，颜色多，让颜色流动起来，流动中相互渗透，彩色贝壳鲜活、生动，活力就出来了，美感也出来了。用心去做，是此时引导的最大难点。如果自己不用心去观察学生，不想办法提示孩子，孩子只能为了画完而画完，根本画不出来那种扑面而来的生命气息。

彩色的贝壳　陈昱彤　3岁半

二、内心闪现出的灵光

让儿童在玩中快乐地画，是为了舒展心灵，呈现生命本有的活力。在教学中，与之同步的是画完之后再给一些更小的纸张，让他们在兴奋之余，尽情地画一些自己心里想画的内容。我时常会从他们不经意的画面中，发现儿童自己独特的生命感受，以及富有个性的美感语言。这美感犹如云端的灵光，耀眼，时隐时现，稍纵即逝。这是心灵的痕迹，是儿童原创艺术中最有价值的地方。此时的儿童绘画，以未经文化积淀的意象形式，以生命中最原始、最本真、最纯朴、最纯粹的艺术形式，让你看到了人类不可言、不可状的心灵姿势与生命的律动。此时的儿童绘画，不以真实入空灵，让精神直现，平淡入美境，因为纯粹，它更进一步引人“由美入真”，探入生命节奏的核心。由此可见，发现这云端的灵光，读懂这心灵的痕迹，是尊重学生独特生命感受的第一步，也是原创绘画的原创意义之所在。

一组歌唱的人，聚散有致，表情丰富，有张嘴大吼的，有撕心裂肺的，有唱着唱着忘了调的，有边唱边美美地自我陶醉的……头发长满了整个脸，而且都是短线，配合人物的表情而长。细长而富有表情动作的脚，完全跟随唱歌人的神态而长，表达丰富极了。声音也随表情而出，好听的四根流畅的线，不好听的两组叉叉线，极富美感。

歌唱团　罗雅亮　5岁

圣诞节前圣诞老爷爷要送很多礼物给小朋友，忙不过来，请狮子帮忙，狮子郁闷地背上礼物，看路标，大步走，遇到吃惊的事，迷路后谢谢别人的指导，走对了路，继续送礼物。礼物太重了，好不容易送到小朋友家，想着小朋友收到礼物的心情，放下礼物的轻松，自己没有礼物的沮丧……陈圳烯以线的方式，把狮子丰富的心理活动及表情生动地画了出来。

狮子的礼物　陈圳烯　5岁

画面虎虎有生气。大脚猫头顶天、脚撑地，抵着画纸边缘的头，粗粗的脚，健壮的身体连着动感的尾巴，把气势、节奏、力量感充分地表现出来了，艺术的张力及生命的活力也溢出纸外。这是一种阳刚之美。

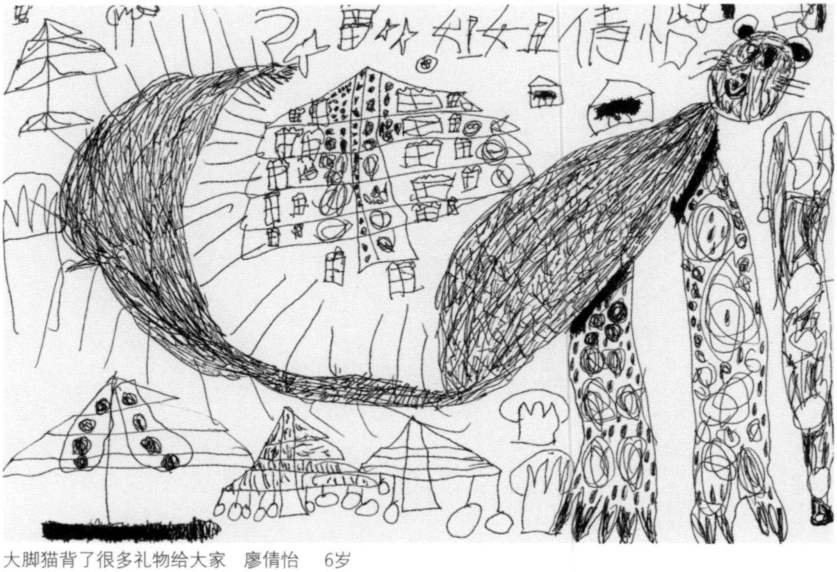

大脚猫背了很多礼物给大家　廖倩怡　6岁

长到天上的花朵　王梓琪　　4岁半

王梓琪在慢条斯理中，以“宁方毋圆”的笔法，表达着自己在家中的所见所想，在房子的草地上玩赛车，看着小鸟成群结队地在天空飞翔，和小草说话，想着花朵长到天上去。画面语言的基本元素点、线、面形成一种如其性格一样的憨憨之感：我活得好着呢！

吃月饼　谭淇方　6岁

眼里透出的光彩，是绚烂之极归于天真朴实的智慧。心有灵慧之气，线自然潇洒自如。吃着月饼，却笑出了“初发芙蓉，自然可爱”的美。

老奶奶　唐曼婧　5岁

梦　殷一可　6岁

绘画的画意，就是心意，形散而神聚。唐曼婧能在混乱中形成统一，这是艺术家的气质！

儿童的秩序、节奏、和谐，足以让人窥见其心灵的最深处。殷一可以象征的符号，让心灵具体化。心有诗，自然舒展。所以，梦，也有诗。

怎么引导儿童进入自由自在、内心愉悦的状态，画出自己心灵的痕迹？我在教学中，注重了以下五点：

1. 情境：调动儿童的感官，画自己最喜欢的人和事，画自己最纯粹的想法。

2. 表述：聆听他们的表述，对情感美感顺势加以引导。

3. 尺度：观察画面，不啰嗦，有主次，有美感，适可而止。

4. 保护：给家长讲评儿童的个性绘画语言如何与众不同、如何保护，这是重点。拿儿童的画互相对比，不停地给家长讲解，让家长理解自己孩子的画，是心灵深处的语言，保护好，才能提高，才有与众不同的可能。

5. 提高：在教学中，这一步最大的难点在于，能否不干扰孩子的绘画，让他们呈现当下心灵的直觉感受。而要做到这一点，教师必须不停地提高自己的人文修养和艺术修养，要有足够的教学经验，才能敏锐地分辨出儿童“生命本源”中最具美感价值的因素，并在发展中逐步提高。

三、展现儿童清澄的美感

有了激情，有了扑面而来的生命气息，有了生命个性的“本源”，接下来要让美“美”得有意味。这美的意味源自心灵。唤醒了心的纯粹，美就与众不同。我渴望儿童的原创艺术，有一种与宇宙平行而行的精神气质：清明澄澈，大美不言。此时的儿童原创绘画，在尊重儿童独特的情感表达、生活感受、独特思维的基础上，特别需要引导儿童创造性地运用材料，进行富有个性的美感创作。

深圳的高楼拔地而起，在星月下灯火通明。精细的线，犹如建筑本身严谨，却又在点点灯光中，映照出深圳这座年轻城市的活力。建好的与在建的高楼，在黑白对比、大小对比、高低对比中让一动一静呈现永恒。皓月皎洁，光，是一种爱；群星闪耀，是性灵的平和往来。此时，静，是一种境界；美，无言，却牵着你的心在动。美，立在那里，是不说话的。教师没有在空白处引导画树画鸟画云朵，而是利用特殊的金色笔，点星星、画月亮，充分利用材料的特性来营造一种意想不到的美，在静谧中形成一种活力。

星月深圳　钟昀昊　6岁

妏妤每次来画室画画，妈妈总是送到门口，轻声细语，明眸相送。妈妈内心富足的爱，写在平和又纯净的眼神里。妏妤天天在爱的呵护下成长，画出的妈妈，自然是来自自己心灵最柔软处，令人感动。所以，漂亮的妈妈，是因为爱，呈现了美的气质。爸爸的阳刚之气，妈妈的温柔眼神，让孩子内心安全感十足。有满满的爱，才有其它的可能。家庭的氛围，是孩子画面的写照。所以，美的画，是养出来的。

漂亮妈妈　金妏妤　6岁

内心有光彩，美就具体了，犹如舒展的荷花，是趋向于玉的美，但它是含蓄的。当何沂英小朋友画完这幅画，叫爸爸欣赏自己的作品时，我依然还记得她说给爸爸的话："爸爸，用手摸荷叶上的颜色，摸起来，像珍珠！"美，成了可以用手摸的质感，珠圆玉润。作品使用了多种绘画材料，有水彩、水粉和中国画颜料，其中中国画的三绿，点得像珍珠一样，触摸感非常强。

荷花仙子　何沂英　9岁

初夏　邓彤　10岁

儿童绘画是儿童心灵的真实写照，一切物象的纷纭节奏均会自然地从他内心深处娓娓流出。枝的粗细，叶的层层叠叠，花的前后簇拥。用节奏营造氛围。你，艺术家啦！慢条斯理，胸有成竹，看着她画，你别说话，享受就行了。

儿童具有一定的绘画能力之后，如何让美术的美有个性，有画品，有纯粹的画意、画味，甚至有儿童心灵的诗意，有儿童的质朴、清新的精神气质？在教学中，我注重了以下四点：

1. 个性：从学生的“云端的灵光”中找富有独特个性的绘画元素，注重从形式美感中让学生发挥自己绘画语言的特点，形成自己的美感作品。

2. 材料：从绘画材料上，创造性地综合使用材料，让材料的特性也发挥到极致。

3. 养心：静心阅读各类中外名著，看“最美的书”，以涵养心智；听古典音乐，让思绪飞扬，给心灵以美的力量。要让学生知道，美是通过各种美的方式来养自己的心。心有美，画才美。美是养出来的。

4. 养神：以静养神，培养“静”气，充分发挥心灵的内驱力。“静”是儿童原创艺术最重要的精神气质之一，有“静如处子”的内在气质，才能呈现“动如脱兔”的生命活力。

在教学引导过程中，如何将习作转换成富有精气神的绘画作品，这是难点。如：何佳璐同学的作品《荷香蜓悠悠》，开始画完线描时，觉得有点特别，但不知特别在哪里。试着给画上色，由于荷叶上的深绿色分层上了五次色，黑的色层达到效果，前一片荷叶就让它变浅，用特殊的粉质笔点白色。两片荷叶以圆形占据并主导画面，以一黑一白互为映衬形成“静”；蜻蜓是这幅画的“活眼”，边涂色边画蜻蜓，位置很重要。上下两组盛开的荷花，与飞着的蜻蜓形成一个隐性的“>”形而相互联系，形成“动”。在一静一动中让画面呈现灵动之气。画面的画意，通过左上角向外延伸的角度，形成画外的“气”。荷叶形成的内圆与隐性的外圆互相重叠，产生在静中的动。形，是超越构图的。美，是含蓄的。蜓，在荷香中悠悠，我心更悠一筹！

四、蓄积艺术表现的心力

心力的成长，是儿童原创艺术发展的决定因素。艺术的宽度、厚度和深度是艺术成长的关键。心力不足，艺术就枯萎或停止不前。心力逐渐蓄积，美才能朝更美的层次发展。耐力、毅力、恒心、韧性是心力的主要组成部分，是这个阶段教学引导的重点。心力逐渐成长，学生的原创艺术才能更理智、更主动、更富情感地表达。让画面画满、画充实，要“真力弥漫”，才有艺术的“万象在旁”。

《实现和想象的优美小区写生画》（四开纸）这幅画小耀廷从前面的场景开始画，边画边玩水，用了两次四个课时。中间的房子，花了三次六个课时。高低、大小、前后等关系，是边画边引导，大的加大，小的缩小。细节引导要特别注意调动情感，没有情感介入，容易机械化、图案化。画的时候，经常有直升飞机从天空飞过，作者把画面变成一个自己想象的游戏场景了，可以调节情绪。这幅画作者总计用了二十六个课时画完。从此以后，自信满满。

实现和想象的优美小区写生画　陈耀廷 10岁

《明暗素描风景》（对开纸），作者边画边思考，画了一个学期，“Z”形的画法本身就有纵深的空间感。树的虚实取向，画面的美感已成，就此搁笔。

《冠城世家写生》（四开纸）画了两个学期才画完，作者说：“这是我第一幅大幅写生，我有几次都不想画完这张画，因为太难了。”张老师说：“慢慢画就行了。”我说：“你以为啊，你来画一幅这样的画呀！”哎，后来终于在张老师的逼迫下完成了这幅画。转折期，有的时候还是要给点压力。从画面能看出他非常主动积极地在用眼观察、用心画，否则，逼，也没用！

明暗素描风景　杨蓓雅　15岁

冠城世家写生　陈琪林　12岁

天骄世家写生　罗家杰　15岁

《天骄世家写生》（四开纸）速写式的风景写生，是练速度的。

《天骄世家写生》（对开纸）作者画了两个学期，斜对角形，注重画面的整体气势及氛围。

天骄世家写生　陈巧玲　14岁

充实之谓美，求实，实则精力弥漫。先实后虚，实则长心力。在教学中，我注重了以下七点：

1. 心：心在“静”中游。练心的弹性、韧性，练心的耐力、毅力。

2. 眼：找自己的兴趣点和独特点，培养眼的敏锐性，培养与众不同的视角。

3. 手：以心带笔，笔笔用心，笔笔有力，笔笔有神气。

4. 脑：独立思考，学会判断，对美的自觉，开启智慧。

5. 材料：以最细的笔，在对开纸上做最复杂的事。

6. 题材：风景写生为主。

7. 难点：画细致，容易画面小气、纤弱，容易机械和图案化。不要被细致误导，要画出骨力，画出气韵；画不下去的时候，改画色彩、水墨、日记画、版画等方式调节心态；要及时讲解美术的基本规律、基本原则，必要时停下来用小纸专门练习。理解了，才能主动、自觉地去画，要特别保护学生的个性绘画处理方式及个性的想法。

五、融入心灵的荣光

心力蓄积的过程，是在期待生命将要出现的一种状态，也是在期待艺术最美妙的一种状态，这个状态就是“静观”“静照”：当心、眼、手、脑高度统一之后，智慧，在一刹那中开启。生命最智慧的状态，一定是回归内心的，艺术最美妙的状态，也一定是内省的。儿童的心很纯粹，画着画着就没有杂念了，心、眼、手、脑很容易下意识地融合，呈现出生命本身的崇高。在儿童忘我的一刹那，旁若无世界，旁若无他人，深深地渗入自己的灵魂深处，那里没有地域的区别，没有时空的同异，只有内省。这自得、自由的生命在静默里吐露光辉。此时的儿童原创艺术，呈现的是一种生命意识，艺术给生命以生生不息的力量。艺术，让生命连着生命，静静地呈现生命的永恒。

麦泰涞画的《树语之一》，照着临摹，很被动、很机械地为了画树而画树，没有活力，没有激情。第二幅《树语之二》只是很努力很认真地比第一幅画了更多一些树叶而已，要耐心没耐心，要感觉没感觉。看着他画得那么辛苦，第三次上课时，我特意跟他说，静下心来，按自己的想法去画，怎么喜欢就怎么画。也许他本来就有很纯粹的心灵，静心之后，按自己的感觉去画，第三幅《树语之三》出现了一个质的变化，这让我惊喜异常。第四次上课时，特意给他找了一个安静的位置，并让他按自己的想法开开心心地画。画着画着，他完全回归到自己的内心，一幅心灵深处的树出现了，这幅《树语之四》中，一笔一笔地“神游”，不停地和心说，这无垠的空间，和天际群星接应，融入生命的真、善、美。此境无境，灵魂深处有灵魂。

这种绘画状态，并不是每个儿童都能达到的。经过近八年的努力，我还是能让很多儿童通过绘画，走进自己的心灵深处，并且通过自己的绘画语言表达出来。在教学中，我注重了以下两点：

1. 敬。尊敬艺术，尊重每一个学生的生命尊严。儿童，不要把他当小孩看，应当平等相待。

2. 静。让自己静、学生静、家长静。人静，教学场所也静，静着静着，也就产生了“境”。心境、人境、意境，美，也就有境界了。

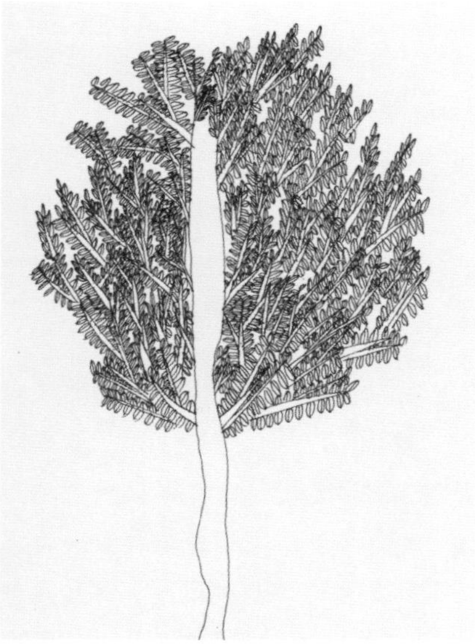

树语之一　麦泰淶　9岁

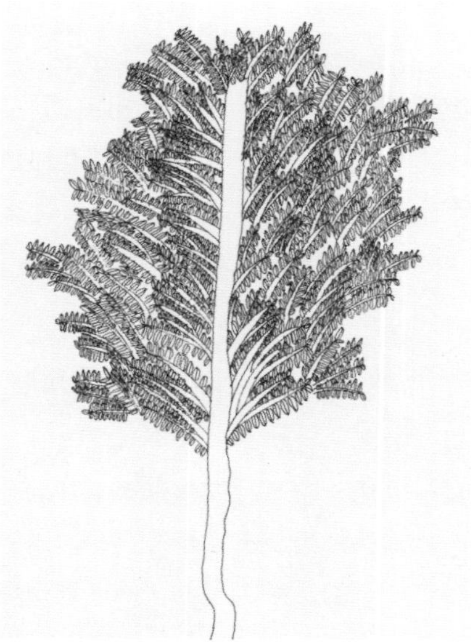

树语之二　麦泰淶　9岁

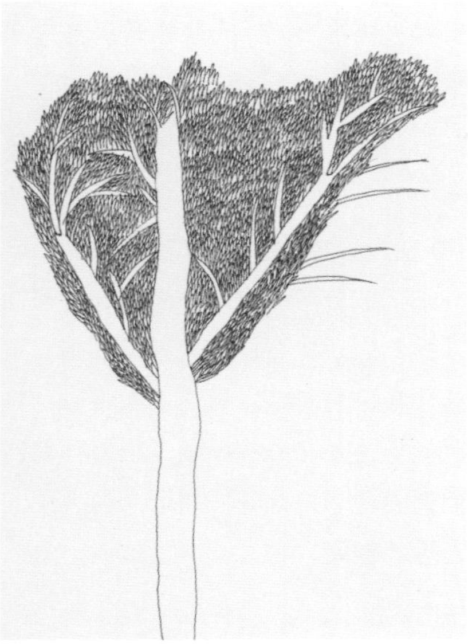

树语之三　麦泰淶　9岁

树语之四　麦泰淶　9岁

第二节 用色彩释放情感

一、色彩画的引导

儿童在成长的过程中，对色彩有着强烈的表现欲望和审美追求。他们总是喜欢用五颜六色的色彩，涂涂画画。他们认为只有这样，才能表现自己对物象的理解，画面才好看，才满足了自己的审美情趣。进入小学阶段以后，他们对于美术课的兴趣更加强烈，甚而天天盼望能上美术课，对于用色彩表现绘画作品的渴望有增无减，以此抒发自己对自然、对生活、对感兴趣的事物的内心感受，得到心理上的满足和审美上的愉悦。这对于美术教师上好美术课是非常有利的。

每当我看到学生拿着画笔尽情地、全神贯注地涂抹，表现自己的创意时，我就激动不已，有时就静静地在旁观看欣赏，有时禁不住要指指点点，有时又拿起某位同学的作业在同学们面前加以点评。看着他们在投入地创作，进而收集他们的作品并把它们贴在展板上展出，让上课的同学欣赏，让家长欣赏。这对我来说是一种精神上的满足，是一种审美的愉悦，对学生来说是一种激励。当我一个人静静地观看学生的作品时，有时会为他们的精彩创意所打动，有时又为作品的某些不足而遗憾，有时又追着学生让其拿着画笔加以修改，使作品尽量完美。面对学生的作品，我感到作为一名美术教师的自豪，内心充满了成功感。

如何进行色彩教学是美术教师极为关注的问题。在教学实践中，我感觉到色彩教学主要是在学生用色彩表达自己的主观感受的基础上，教会学生灵活地使用色彩工具，运用基本的色彩知识和正确的着色方法表达自己的创意。

学生涂色一般是把自己头脑中对物象形成的印象涂出来，如天空涂成蓝色的、太阳涂成红色的、树涂成绿色或黄橙色的、树干涂成棕色的等，形成了概念化的着色习惯，画面表现效果是单纯、纯净、概括、强烈的，具有一定的装饰性。概念色运用得不好，画面效果就会简单、杂乱，没有章法，没有色彩关系，缺少视觉上的美感，画面色彩很乱，色彩之间就会“打架”，所以需要老师加以适当地指导，特别是要引导学生改变对色彩的概念化的理解，运用色彩知识表达自己的感受。而这种指导实际上是循序渐进地贯穿在平时的教学之中，贯穿在每一课的色彩教学之中。

儿童造型能力的培养是一个永恒的课题，而造型表现的规律是必须教给学生的，它不是简单地灌输技能技巧，但不能不进行指导。这种指导必须顺应儿童绘画发展的实际，顺应儿童心理发展的实际，因材施教。这也是儿童美术教学法的依据。儿童造型能力的培养，包括色彩造型能力的培养都大有讲究。对儿童的作品不去指导，就是放任自流，过分“干扰”就是成人化的教学，就会影响儿童的正常发展。这就要求我们以研究的态度认识儿童对色彩的表现并进行分析、解读，更多地采取因势利导的方法，指导儿童处理好画面色彩关系，提高他们运用色彩的能力。从根本上来说，教师要有正确的教学观念，会引导、会指导，使学生在充满激情地使用色彩表现的时候，能够学会运用一定的着色方法、一定的技能技巧理智地思考画面的色彩构成，引导儿童充分利用色彩释放自己的情感。只有这样，才能使儿童长久地保持学习美术的兴趣。这是教师顺应儿童绘画发展的实际、顺应儿童心理认知发展的实际，需要采取的方法，有利于美术教学活动的开展。

在教学中我体会到，教师要指导学生学会用色彩造型，使画面色彩构成既丰富又和谐，避免简单平涂色彩或着色混乱；既要引导学生大胆想象、大胆表现自己的感受，不要束缚和过多限制学生表现的欲望，又要适时、适当地加以指导，提高学生对色彩的理解和把握。教师过多地限制和不恰当的指导建议，会使学生无所适从，不知如何表现，阻碍学生创造力的发展；而缺乏教师的指导，学生的审美能力就不会得到提高。在这方面放任自流和教师至上都是不对的。作为教师关键是要指导学生处理好画面的色彩关系，如明度关系、冷暖关系、色彩的对比与调和等，从而使一幅儿童绘画作品能够有打动人的力量、有视觉上的美感。这是教师的教学任务，只有这样才能体现教师的水平和能力。

在教学中，教师还要学会理解和欣赏学生的色彩，尊重学生对色彩的选择，因为学生对色彩的感受会有意想不到的画面效果，同时对学生加以引导，使他们在尽情表达自己感受的同时，增加对色彩选择的自觉性，避免盲目性。在着色前，我要求学生对画面色彩的大关系进行设计，如：主体与背景之间的明度、冷暖、鲜灰对比。确定了大关系，避免了盲目性，把学生的激情引导到学会分析的思路上来。在着色的顺序方面，让学生明白应该先填涂较大的、变化较少的色块，再填涂较小的、变化较多的色块，纠正学生一上来就先涂零碎的、变化多的色彩的习惯。随着学生年龄的增长，理解力的增强，随着教学的逐步深入，逐步提高学生对色彩的理性分析的能力。只有把尊重儿童的选择与恰当的引导、指导很好地结合起来，美术作业的效果才有可能具有审美意义，儿童思维的独特性、灵活性才能得到发展。

在教学中我体会到，教师对学生如何使用色彩工具，掌握正确的着色方法，要有明确的教学和指导。这对于学生熟悉色彩的性质、性能，对于学生在理解的基础上表现自己的感受，对于画面的效果、学生的审美情趣等方面都是非常重要的。

总之，教师的引导体现在让学生体会色彩的搭配，就好比是创作一首动听的乐曲，让学生学会对色彩的倾听、欣赏和感受；体现在教学各个环节的与学生的交流互动中，从而潜移默化地启发学生的表现欲望；体现在课题的设计与开发的思路中，以此扩展学生的审美视野；体现在对优秀作品的欣赏与感受中，引领学生走进艺术之门。

二、色彩画的教学实践

1. 写生中的色彩启发

对于儿童在写生中的色彩表现，不能把写生简单理解为写实，教师应引导学生在写生中对自然、生活的色彩进行观察、思考，学会用色彩表达自己的主观感受。写生中的色彩不一定是写实的色彩，教师可提示几种色彩表现的方法，使学生有多种选择。这样才能让他们在绘画中增强信心，在轻松、愉悦的心情中用色彩表达自己的认知和情感。

如课题“鱼”的教学。我在学生面前摆放了一条灰色的鱼，首先组织学生观察鱼的形态特征，进而启发学生对鱼的色彩以及鱼的环境背景进行想象，表达创意。鱼的色彩可分为冷色和暖色两种表现色系，由学生自己选择，鱼身体上的肌理同样可主观表现。

从作业中可以看出学生往往表现出对色彩的独特感受，他们的色彩世界很大程度上是情感的、表现性的，在画面上就是装饰的、想象的、艳丽的，给人一种跳跃的、强烈的感觉。从学生的内心来说，他们很喜欢这种很自由的表现方式，画出的作业效果超出我的预想。张泽宇和刘思淼的作业背景设计体现了他们的内心情感和较强的表现力。张泽宇画中的两条鱼试图从鱼缸中游出去，获得自由，从中我们看到了学生表达创意的内心世界。刘思淼的作业是她看到教室里摆放的一些口袋和瓶子，就把这些物品组织在一起安排到画面中，使画面有了一种装饰美感。有时我也会要求学生在画面的某一部分要采纳老师的建议，弥补缺憾，以避免学生把一幅很好的作品半途而废。

在学习中，当学生面临问题时，教师要能够给出办法，提出建议，帮助学生完善画面，使学生树立信心，以更好的精神状态投入创作。

鱼的想象　张泽宇　9岁半

鱼的想象　刘思淼 9岁

课题“公园里的石狮子”是室外写生作业，以石狮子为主体，周围有高大的杨树。在着色方面，我提出问题组织同学们讨论，如：在地面、石狮子的灰色中你感觉到还有哪些颜色？树干是棕色的吗？树叶的色彩你是要表现看到的绿色还是自己设计喜欢的色彩？你觉得树的色彩怎样设计才能更好地衬托石狮子？在讨论中提示和启发学生思考、设计色彩，在着色前做到心中有数，把对色彩的感觉在心中呈现出来。我还要求学生在石狮子、地面、树干的色彩中调入灰色，启发学生观察、体会并在灰色中调入感觉到的颜色，使灰色丰富起来，这样学生就可以在观察表现中有变化地着色，而不是简单平涂，包括树叶色彩的表现，既要注意树形，又要表现色彩的明度和色相变化。调色的方法要深入浅出地教给学生，他们掌握了方法也就可以自由地表现自己期待的画面色彩效果了。

下面四幅作业用灰色调较好地表现了石狮子的强壮、威武的感觉，树的色彩变化丰富而不凌乱，较好地衬托了石狮子的主体形象。

石狮子　王馨逸　8岁半

石狮子　尹开明　7岁

石狮子　曾湘明　10岁

石狮子　郭伟　9岁

“柳荫公园的秋天”这一课题，表现了公园内小河上的一座木桥，周围有柳树相伴。

学生喜欢室外写生，面对大自然的风景，他们情绪兴奋，期盼把看到的美景都画到纸上，满足自己的心愿。教师需要适时引导，把学生对秋天的美好印象转变为学生内心对色彩的理解，从而进行写生创作。我在讲述色彩时，会启发学生感受秋天树叶的色彩，观察不同色相的变化，找出几种不同的黄颜色，如橘黄、橘红、中黄、土黄、淡黄等，并作适当调配，而在一片金黄色中还有绿色的树叶点缀其中。学生通过观察，能够感觉到色彩的主色调和色彩的丰富变化，他们在调色和衔接颜色时，能够自觉地表现色彩的变化。在写生中树的色彩表现是很重要的，在一幅风景画中把握了树的色彩，其它景物就好表现了。这几幅作业从色彩的明度、色相、冷暖等方面都较好地表现了秋天的色彩。

彭子宁 9岁

李雨晨 9岁

陈思扬 9岁

屈方祚 9岁

2. 通过欣赏大师作品，激发学生的色彩表现欲望

把绘画比作音乐是很恰当的，绘画是由色彩、造型和线条所创作出来的音乐。音乐的旋律能让人感受到情感的抒发与流动，而色彩也可像音符、旋律、节奏那样让人倾听和感受。组织学生欣赏、学习画家的作品，引导学生体会色彩的搭配就好比是倾听、创作一首动听的乐曲，在理解色彩、感受色彩、表现色彩的过程中学会倾听和欣赏，从中体会画家的创作表现方法，进而提高学生的审美情趣，感受审美境界，同时依据画家的作品，在欣赏和学习中进行再创作，引导学生用色彩作为绘画艺术的“音符”来谱写作品的“乐章”，也是很好的教学方法。

画家亨德尔·瓦塞尔的作品很像儿童画，他善于用儿童的眼光和心理描绘景物，因而其作品深受学生的喜爱。我让学生临摹画家的作品，从中学习画家的表现方法，不是简单地复制，而是通过学习感受进行再创作，把自己的想法融入进去，使之成为自己的作品。从下面几幅作品中我们可以看到学生在创作时添加了立交桥、汽车、树木、小鸟等景物，建筑与太阳也更有装饰感，色彩表现也更加热情奔放，对比强烈而不“火气”，给人一种太阳照耀下的暖融融的感觉。

右面两幅作品是六七岁的儿童通过欣赏加纳画家的作品《天国之鸟》后创作的，是用水彩笔和油画棒完成的。对于儿童来说，临摹既是学习，也是创作，在临摹中融入创作的元素，符合儿童的心理特点和表现欲望。我首先组织学生欣赏画家的作品，感受画家是怎样表现一只站立的大鸟的，观察鸟的各部分特征和装饰，体会色彩的设计。其次是启发学生思考如何融入自己对鸟的装饰设计。在这些作品中，学生在鸟的花纹装饰、背景的设计等方面都比原画作丰富了许多。在色彩表现方面，学生把冷暖的对比表现得很是到位，色彩强烈，装饰感强，富于美感，这也是学生在潜意识里对色彩有着强烈的表现欲望和审美追求的表现。

下面几幅作品是通过欣赏英国画家大卫·霍克尼的作品而创作的。霍克尼是位技艺高超的英国画家，在他的艺术生涯中，作品横跨了各种媒材，从绘画到风格独特的照片拼贴，从录像装置到歌剧舞台设计均有涉猎，并以独特的视角重新点燃了心中对自然、乡村风景的热爱。他的作品记录着不同国度、不同地区自然风景的细微变化，反映了画家敏锐而细腻的观察力。

当我把画家大卫·霍克尼的作品通过录像展示在学生面前时，他们都不约而同地发出了赞叹声，从他们的眼神和表情中可以看出他们被画家的作品深深地打动了。在欣赏之后，我提出了几点要求：本课绘画不是临摹，是创作，是在欣赏画家作品的基础上，完成一幅自己心中的风景画；画面中要有一条伸向远方的路，要有房屋，要有远近不同的树，要有田园风光的地面。

建虹宇　9岁半

姜欢桐　9岁

李思绎　9岁

本课在欣赏画家很多作品的过程中，作品构图、造型和色彩的美感给学生留下了深刻印象，学生感受到了造型美、构图美、色彩美。因此，他们在创作中能够融入自己的情感，表现自己对美的追求。

在着色方面，我主要强调把道路突出出来，向远处延伸，地面的色彩衬托道路和房屋，地面由近及远用颜色区分开就可以了；同时在树和地面上做一些点、线的装饰，引导学生注意画面整体色彩的冷暖、深浅、色相的区分和对比，用自己喜欢的色彩着色，把自己体会到的自然风景的美感表现出来。

3. 利用图片素材进行色彩创作

儿童在学习美术的过程中，需要尝试用多种办法进行写生、创作，而利用图片作参考也是一种较好的学习方法。这种方法可以使学生更耐心、更细致地观察、体会所表现对象的形态、结构、动态、表情的特点，更广泛地了解和体验生活，学习从生活中寻找创作的题材，提高表现生活的能力，对进一步学习写生、创作，提高感受、观察、表现能力都是有好处的。参考图片进行绘画，不是简单地临摹，而是确定主题，并依据画面需要从不同的图片中选取所需要的物象组织构图，表现情节，构成画面。

“春运回家”这个主题创作，是学生生活中常看到和感受到的场景，是他们生活中的经历和体验，表现了自己和家人或各行各业的人们在春节来临之际，赶往火车站、飞机场的辛苦画面：大人领着孩子，拉着行李箱，扛着行李，他们有的在急急忙忙地行走，有的很疲倦地在休息……从中可以看到人们盼望亲人相聚的心情。

刘霁莹　9岁

杨绚 10岁

李天乐 10岁

“辛勤的清洁工”这一课题，不仅是要完成一幅作业，更要让学生懂得尊重普通劳动者，珍惜他们的劳动成果，爱护身边的环境。这也是审美教育的重要内容。

在组织画面时，我提示学生要把清洁工叔叔、阿姨的形象作为画面的主体加以表现，并充满画面，同时表现经过他们的辛勤劳动街道干净整齐的情景。在色彩表现方面，则要求学生把自己看到的生活中的场景画出来，所以他们会自己把握色彩的对比。

李逸青 9岁

张润民 8岁半

帆板比赛是一项很受人们喜欢的体育运动项目，学生在奥运会等大型体育比赛中都曾经观看过，对运动员的矫健身影、比赛的激烈场面都留有深刻印象，这对他们的创作很有帮助。

教学中，我让学生先观看运动会帆板比赛的视频和图片，让学生感受运动员比赛时的运动状态，观察人物的动态特征，提示学生在人物造型方面，要避免画成头大身体小的卡通形象，要观察和表现肩膀、胳膊肘、膝盖等主要关节部位的变化，努力表现运动员的健壮身姿和奋力拼搏的精神，动态感要强，要表现出风帆在运动员的掌控下所呈现的起伏状态，使人物、帆板、海浪在画面上形成运动的美感。在引导学生着色时，主要提示学生色彩对比应强烈，尤其运动员皮肤的色彩要深一些，帆板要留有白色块，与海水形成对比，更好地衬托人物运动的状态。

李思绎 9岁

杨嘉禾　8岁

王聿祺 8岁

“猫头鹰”这一课题是水粉画创作。猫头鹰是一种很好看的鸟类，它的双眼大而有神，身体羽毛有着漂亮的花纹图案。让学生从不同图片中选择自己喜欢的几只组织画面，并用浓密的树林衬托，表现猫头鹰的生活环境。

本课题主要是引导学生用色彩造型，用色彩表现肌理、花纹。着色时把猫头鹰的头部、翅膀、尾巴的色彩加以区分，头部是重点，要按照其特征用色彩区分不同部位，突出炯炯有神的大眼睛。猫头鹰身体上的羽毛要适当进行装饰，用色彩表现花纹肌理。背景的树木色彩要与猫头鹰的色彩形成明度或冷暖对比，更好地突出猫头鹰，使画面完整、丰富，色彩美观。

罗小荻　8岁

曹启晗　9岁

“我的向日葵”这一课题是让学生进一步学习调色、着色，用色彩造型，表现肌理，表达自己的情感和对美的追求。我首先让学生观赏向日葵图片，了解向日葵的不同品种，分析图片中向日葵的特点，思考怎样从不同的图片中选择向日葵组成画面，要点是高低错落、大小结合、方向各异、姿态不同、构图饱满，表现出向日葵优美、大气的造型特点。

向日葵色彩的选择，要让学生展开想象，如红色的、蓝色的、绿色的、紫色的、黄色的，等等。启发学生的色彩感觉，给他们选择的机会，学生很感兴趣。在把花盘和叶子的色彩涂好后，就要引导学生进行装饰，表现叶脉、花蕊的肌理，而这一步是很关键的，学生会用不同的色彩、不同的方法加以表现，有的很细致，有的很简洁，有的点、线排列很整齐，有的很粗放。而背景的色彩主要是表现向日葵生长的环境，衬托向日葵。他们的作业感染了我，让我感觉到他们在使用色彩时是怎样努力表现向日葵的生命力和生活的欣欣向荣景象，又是怎样精心安排构图、设计色彩的，从而表现他们对色彩美的追求的。

王泓诺　9岁

韩洋天月　8岁半

4. 命题创作中的色彩运用

下面几幅作品是依据课题进行的创作表现。“从家到……”“我与动物”两个课题都与孩子们的生活经历有关，是生活中的感受和经验。“从家到……”中，从家到学校？到游乐场？到图书馆？……目的地由学生自己选择确定。启发学生首先确定好两个点：家和目的地。安排好两个点以后，其它景物都是沿途所经过和看到的，进而把它们安排到画面中。整幅画面是俯视构图，道路的延伸富于变化，而各种建筑是随道路的变化安排的，空间的转换增强了画面构图不合理的趣味性，实际表现了城市的景观和面貌，是一幅表现城市生活的风景画。

金子菲 8岁半

在这个课题的作业中，有的学生把自己和爸爸、妈妈一起画了进去，开着自家车去旅游；有的是到书店去买书；还有的是去咖啡馆、去学校，等等。学生可以较为轻松地把家和目的地连接起来，生动地表现沿途看到和经过的景物。这个命题作业的色彩提示是要求学生在画面中确定是冷色为主还是暖色为主，主色调定下来了，画面的色彩就不会混乱，在丰富的色彩对比中，也会显得协调统一。

班尔达 8岁

荣瀚之 7岁

在“我和动物”这个课题中也是延续了“从家到……”这一课题的色彩思路，同时对动物的肌理做了较为细致的表现。在画面的构图中，主要启发学生从爱护动物、与动物和谐相处的角度表现画面内容。

色彩教学贯穿儿童绘画的整个过程中，儿童对色彩的浓厚兴趣和热情始终伴随着他们，教师在教学中应潜心研究色彩教学的方方面面，适应儿童学习绘画的心理特点和需求，采用恰当的教学方式引导学生走进色彩的世界，使他们学会用色彩释放情感，创作出更多、更新、更有情趣的作品，让色彩伴随他们学习艺术的全过程。

做为一线的美术教师，我感觉到美术学科是最能培养学生创造力的学科，也是培养学生创新精神的学科。美术课程在学生的整个成长过程中，对学生的人格、情操、修养、审美取向、思维发展，都有着重要影响，起着举足轻重的作用。教师要不断地学习和充实自己，在教学中依据最新的科研成果、科研信息，依据最新的教学理念，把握正确的教学方向和科研方向，进行大胆的探索和实践，才能有所作为。

第二章

启智密码

第二章 启智密码

第一节 一把打开儿童想象力的钥匙

一、课题设计是启发想象力的关键

一个孩子就是一颗艺术的种子。种子的生命力是强大的，所爆发出的想象力、创造力是不可估量的。作为一名儿童美术教育工作者，如何维护和激发孩子的想象力，使他能在自己和艺术的碰撞中得到快乐？我觉得课题设计是关键。教师要从生活中捕捉设计课题的灵感，给孩子营造一个自由发挥、充分想象的氛围，为孩子提供自由绘画表现的机会。

我一直钟爱中央电视台的《动物世界》节目，每次看到让我眼前一亮的画面，就在手绘本上记录下来，并从中挖掘出好的创意，设计成课题，这种习惯我坚持了二十年。

二、观察、分析、引导是培养想象力的重要手段

在刚教课时，我会根据自己的绘画知识进行教学，儿童倒也能创作出像样的作品，画面效果感觉也还不错，可始终觉得少了点什么。

随着时间的推移，与一批批孩子接触之后，我发现孩子是很直观的，喜怒哀乐非常直接地表达在脸上，于是我又尝试引导孩子把各种情绪带入到作品中。有了情绪融入的作品，仿佛被赋予了生命，能感染观赏者的情绪。

我体会到：儿童艺术有魂，魂藏在每个孩子的心里，儿童艺术教育工作者要放下成人的身份，才能品味到儿童艺术的美。教师要打破原有的教学模式，在教学过程中，和学生一起边观察、边分析描绘对象，诱导和激发学生的想象，让孩子创作出有血有肉的作品。

三、课例赏析

课题1 逃生的水雉鸟

材料：色卡纸、炭棒、色粉笔

课时：2课时

【讲故事 促想象】

展示水雉鸟的图片，让孩子了解水雉鸟的外形特征及生活习性，图文并茂地给孩子们讲述水雉鸟逃生的故事。鸟妈妈孵好了小鸟后，由鸟爸爸陪伴小水雉鸟成长。当

敌人来袭时，小水雉鸟在鸟爸爸的帮助下，各自想到了保护自己的办法，逃过了敌人的袭击……一个个孩子就是一只只水雉鸟。让我们拿起画笔，将自己“逃生”的状态描绘下来吧！一幅画一种特色，一幅画一个故事。

【教学引导】

这一课题是围绕一个“逃”字展开创作的。

老师的主要引导方向就是把水雉鸟的各种逃生技巧与孩子们日常生活中的小游戏——捉迷藏联系起来。水雉鸟的“逃”，可以理解为捉迷藏中的“藏”，让孩子们发挥想象力，把自己想象成一只水雉鸟，遇到敌人来袭，运用各种躲藏技巧，巧妙地躲过敌人。在这个过程中，孩子们还要把紧张的情绪融入其中，创造出各种生动的画面。

【效果呈现】

艺术源于生活，儿童艺术更是体现孩子们在日常生活中接触到的点点滴滴。大自然弱肉强食的残酷生存规则，经过孩子们单纯天真的心灵的洗涤，每每呈现出来的都是生动而充满童趣的画面。

敌人来了，水雉鸟为了更隐蔽、更长时间地躲藏，用嘴衔芦苇茎潜入水中。为了保持身体平衡，双脚还不停地划动。这幅作品很好地展现了孩子们丰富的联想能力。

方梓楷（二年级）

曹丞林（三年级）

一片荷叶就是一个天然的屏障，男孩子的活力与动感跃然纸上，就是在躲避敌人这样紧张的情况下，丞林小朋友也不忘在水底画出层层水花。

杨熹虹（四年级）

杨亦涵（三年级）

熹虹与亦涵小朋友，把一只只小水雉鸟的身体都隐蔽于水中，只露出小脑袋，紧张地观察着敌人的动态，恐慌的眼睛警惕地注视着远处，好像随时准备着，只要敌人来袭，马上把自己隐入水中，以躲过敌人的袭击，又好像在等待敌人的离去。

这几幅画中，水雉鸟爸爸先让自己的宝宝隐藏在水生植物的下面，或者让它们潜入水中，然后自己从相反方向边跑边叫，引开敌人的注意，而让宝宝躲在安全的区域，水雉鸟爸爸的智慧和父爱跃然纸上。

彭欣雨（三年级）

周正斌（一年级）

【引导感言】

孩子们把自己想象成为水雉鸟的时候，家长特别是爸爸感触颇深，从孩子的画面当中，他们不仅发现了自己孩子超强的想象力，更感受到了爸爸在孩子教育中不可或缺的地位。男性教育更能培养孩子大胆、果断、独立的品质，能让孩子的思维更活跃。

张潞（三年级）

课题2 莲蓬的想象

材料：色卡纸、油画棒、水粉颜料

课时：2课时

【观察实物 激发想象】

莲蓬的造型特点可以给我们带来广阔的想象空间，特别是莲子洞，更能激发我们的创作灵感与创作欲望。

展示实物莲蓬，让孩子用手直接触摸，仔细琢磨莲子洞的深浅、大小，把孩子们引入感觉世界，在他们思维的脑海里，映出一道道充满创意联想的亮光。

这个课题教师如何让孩子们走进想象的世界，是引导的关键。

【教学引导】

让孩子们手拿莲蓬，进入细部观察，触摸体验，想象莲子变成不同事物，成为莲蓬不可分割的一部分，给莲蓬增添更强的生命力。

【效果呈现】

孩子们天马行空，用自己丰富的想象完成了一幅幅令人惊喜的作品，莲蓬变成了吊灯、风筒、音乐喷泉，甚至一颗颗莲子变成小老鼠、小鸟，莲蓬变成了小鸟的家、老鼠的乐园。

林源钊（三年级）

这幅画整体效果动感十足，色彩对比强烈，小作者把莲蓬当做现代化的音乐喷泉，小鸟们在水柱上随乐起舞，欢乐无比！

这幅画主体明显突出，想象丰富大胆，创意奇特新颖。小画家把莲蓬想象成老鼠家族捉迷藏的快乐天堂。一只只小老鼠有了自己快乐的家园，它们在自己的小房间里自由地表达着自己的快乐情绪，用自己的神态、动作、语言感染了每一位观赏者。

林宛霓（三年级）

这幅画小作者把莲蓬变成嗷嗷待哺的鸟儿们的安逸鸟窝。

李书衡（三年级）

朱馥汛（四年级）

朱馥汛的这幅画里，莲蓬成为鱼儿的水帘洞。

陈思涵的这幅画里，莲蓬成为家里的时尚风扇。

李淳钰的这幅画将莲蓬变成了吊灯。

陈思涵（三年级）

李淳钰（三年级）

【引导感言】

惊喜！只要给予孩子一个题材，孩子们就可以给予我们一个天马行空的世界，当我们跳出“画得像”的固有思维模式，把思维的空间还给孩子，启发孩子自由想象的时候，我们也就保护了未来的“梵高”与“毕加索”。

课题3 餐厅里的小刺猬

材料：色卡纸、色粉笔、炭棒

课时：2课时

【组织活动 启发想象】

把孩子们带到餐厅，让他们感受聚餐的氛围，启发孩子们想象。我们人类可以开餐厅，在餐厅中享用美食，动物界的小刺猬们也能像我们人类一样生活，我们就在画纸上用我们的绘画工具帮小刺猬开餐厅，记录下它们享用美食的过程吧。

【创作引导】

师生一起讨论这次聚餐活动的感受，老师提出别开生面的创作要求：将人类的用餐换成小刺猬在用餐，孩子们各自为小刺猬设计餐厅、就餐环境、如何就餐……

老师介绍小刺猬的外部特征，如何用人格化来表现小刺猬的坐与立，直观生动，孩子们拿起手中的炭棒画出各种不同造型的小刺猬，熟识的餐桌椅，熟识的美味、餐具，整个餐厅环境成为主题的最好背景。

【创作】

要求学生结合自己的兴趣去表现小刺猬进餐馆后的画面，比如它们喜欢吃什么，它们是怎么用餐的。结果给我很大的惊喜。在孩子的笔下，小刺猬有了各种不同的形象造型。奇怪的是，不管他们怎样表现，你都不会将小刺猬看成是别的物种，因为孩子们捕捉小刺猬的特征是直接而概括性的。

“小刺猬进餐厅”这一主题创作需要很多的细节刻画，用炭棒比较容易表达这些细节。

【效果呈现】

孩子们为我们呈现出了许多不同的画面：小刺猬们走进餐馆后，点了丰盛的食物，有汉堡包、薯条、鸡脚、牛排、果汁、肉串、面条、水果等，它们享受美食的坐姿各不相同，最有趣的是大多数小刺猬还是改不了喜欢背水果的习惯。看得出来，每只小刺猬在用餐时心情都是愉悦的，收获满满。

孩子的画面可以映射出他们生活中的点点滴滴。

周浩妍（四年级）

周浩妍是四年级学生，独生子女，家庭环境较为优越，她笔下的小刺猬坐在餐厅的一角，独自享用丰盛的食物，而且钟爱如异国面条、肉串、果汁等，食物虽丰盛，但却孤单一人，食欲及情绪有点低落。画面反映出身为独生子女的孤独感。

陈栎宇同学除了画画之外，还参加跆拳道培训，性格开朗豪放，听说家里设有吧台，经常与爸爸对饮聊天。他的作品里面两只小刺猬坐在吧台高脚椅上的情景，反映出父亲与他的相处方式。

陈栎宇（三年级）

刑文曦创作的这幅作品，只画了一只小刺猬在享用汉堡包，另一只椅子空着。能看得出她是在耐心地等待同伴一起分享美食。

刑文曦（三年级）

在这幅作品中，小刺猬们有了好吃的食物，纷纷拿去与老师一起分享。一分付出，一分收获，相信此时的刺猬老师心里是满满的感动。

周子佳（三年级）

这幅作品构图新颖，细部刻画精彩。作者把小刺猬的头部造型设计成我们人类的时尚发型，地板用弧线条排列，形成一种装饰味很浓的风格。作品大量运用粉色系色彩，欣赏者可以从色彩中感受出作者是一个充满浪漫气息的小公主。

朱芷萱（四年级）

陈晞（四年级）

陈潼键（三年级）

乐容佐（一年级）

刘昊冉（四年级）

乐相佑（三年级）

陈奕雯（三年级

从这一组画面的热闹情景，看得出这些孩子平时的课外活动是多么丰富，从作品中小刺猬的表情也能读出孩子内心的喜悦。

佘樾淳（一年级）

黄泽琳（三年级）

马泽蓓（四年级）

【 引导感言 】

换一种创作环境，能更好地调动孩子们的创作热情，适时地引导，充分地挖掘孩子们的想象力，孩子们定会给我们丰厚的回报。

课题4 种鱼树

材料：色卡纸、剪刀、固体胶、黑色勾线笔、银色勾线笔、炭棒、色粉笔

课时：2课时

【讲故事 促想象】

《小猫钓鱼》的故事使我萌发了创作“种鱼树”课题的灵感。在孩子的内心，他们只理解“种瓜得瓜，种豆得豆”的道理。在此基础上，启发孩子们想象：在画面上能否得到“种瓜得豆”“种豆得瓜”的效果呢?

小猫们为了保证每天都有美味的小鱼可以吃，它们决定把钓到的鱼种到地里，希望小鱼能生根发芽，结出更多的小鱼，每天都能吃到新鲜的“鱼果”。

【教学引导】

老师提出问题：鱼要怎么种？是将鱼的头部种到泥土里还是将鱼的尾巴种到泥土里？孩子踊跃发言，有的说要把鱼尾巴种到泥土里，鱼的嘴巴可以直接呼吸空气，下雨或者浇水的时候鱼的嘴巴又可以直接喝到水，鱼树就会长得更快些。有的说要把鱼头直接种到泥土里，鱼的嘴巴就能直接吃到土壤里的营养，鱼尾巴又像两片叶子，沐浴着阳光，进行光合作用，鱼树会长得更快些。

经过一番激烈的争论，最终决定把鱼头种到泥土里。

【创作】

孩子们马上动笔，有的把鱼种在土地里，有的把鱼种在花盆里。鱼尾巴长出新的嫩叶，小猫们高兴地跳呀笑呀！终于，鱼树结出丰盛的鱼果，小猫们都自豪地炫耀起它们的劳动果实。

由孩子自由选择创作材料，用勾线笔勾出（剪出）主题的基本构造，注意大小、疏密对比，刻画主体细部，作品主要展示丰收的盛况。

【效果呈现】

不同课时、不同年龄段、不同材料的尝试，呈现出的画面效果及表达方式截然不同，结果无不让人惊喜。这也说明以故事引导，以创作为目的的课题，不但可以走进孩子的心灵深处，还能挖掘孩子内心最纯粹的原创艺术。

这幅作品构图饱满，色彩搭配协调，孩子笔下的小猫们，有的挖土，有的浇水，黄色的花猫手里拿着一条鱼准备种进泥土里。

陈瑾仪（四年级）

这幅作品构图新颖，有层次感，想象大胆。作者告诉我们鱼树已经到了收获的季节，三只小猫高兴地跳起了欢快的舞蹈，庆祝它们第一次伟大的丰收。

杨梦荻（三年级）

鱼树已经到了收获的季节，三只小猫的脸上笑开了花。这幅作品为粉笔画，孩子们从不同角度表现出丰收的喜悦。

黄诗岚（三年级）

胡经纬（幼儿园中班）

这幅作品作为剪贴画，看似随意，排列顺序却一目了然，小作者给我们呈现出了孩子天真、随心、无拘无束的特点。图中三只小猫表现出来的状态各不相同，中间的小猫正在种鱼树，左边的小猫表现出劳动中的喜悦之情，右边的鱼树刚发芽，小猫正在给鱼树浇水。用成人的眼光去看，浇水的小猫位置放置错误，缺少浇水工具，画面中也没有出现水，但这正是孩子原创艺术的真实体现。

曾勋然（一年级）

这幅作品展示的是丰收的盛况，鱼树上已是硕果累累，猫儿们摘下鱼果，它们第一次因自己的伟大而满面春风。

李书衡（四年级）

【引导感言】

孩子的想象超出我们的意料，带来直击心灵的震撼。老师给孩子一个点，还孩子自由的思维空间，孩子们给予我们的是一片更为广阔的天地。

课题5 水上乐园

材料：色卡纸、勾线笔、毛笔、水粉颜料

课时：2课时

【源自生活 激发灵感】

从儿童最熟悉、最喜欢的水上乐园入手，调动儿童感官，发挥儿童的想象，让他们自己当设计师，设计一个自己最喜欢的滑水道，画出自己心中所想。

【教学引导】

先展示一些水上乐园的图片，让孩子们展开讨论，说出自己心目中的乐园是什么样子的，引导学生自己设计自己心目中最喜欢的乐园，给孩子一张画纸和材料，让孩子们画出来。

【效果呈现】

通过教师引导，孩子们有了创作的欲望，在技巧和构图上各有特色，能大胆运用色彩，自由表达，画面呈现出一种轻松愉快的情调。孩子们真正走入了自己的心里，用心创作，用画技展示出自己内心最真实的世界。

谢度佳（三年级）

小作者用鲸建设成独一无二的水上乐园，人通过台阶爬到鲸的背上，然后把鲸的背部设计成滑水道的滑梯，从上面滑下来；鲸的喷气孔被设计成可以让水循环运作的部位。通过这个设计，儿童在心理上得到满足，完全进入到忘我的状态中。

邓荣斌（四年级）

儿童的内心世界是无法言表的，每天的文化课学习，让他们处于一种紧张的状态，他们需要释放，需要在一个属于自己的环境中释放激情！这个孩子设计的滑水道像瀑布一样，一泻千里，自由奔放。

李书衡（三年级）

陈碧帆（三年级）

翁彤（四年级）

由女孩子设计的滑水道，都是管道型的。有的人闭上眼睛，享受着随波逐流的舒畅；有的是从高高的滑水道旋转着滑落。人们在滑水道上自由放松，享受与水共舞的乐趣。

【引导感言】

抓住生活中的点点滴滴，走进孩子的内心世界，充分发挥孩子们的想象力，让孩子们在想象的世界里不受束缚，孩子们会给予我们意想不到的惊喜。

课题6 会钓鱼的鸟

材料：色卡纸、线描笔

课时：2课时

【讲故事 促想象】

在一次观看介绍人类喂食鸟类面包的电视节目中，我看到鸟类在水面及水中啄食面包的过程，马上联想到了人们钓鱼的情景，于是想到能否将面包变成鱼，再想到故事《小猫钓鱼》：既然小猫可以钓鱼，为什么鸟不可以呢？于是设想将鸟啄食面包、人们钓鱼、小猫钓鱼结合起来，引导学生想象，如果我们每个人都变成一只会钓鱼的鸟，我们会用什么方式钓鱼呢？钓鱼的状态又是什么样子呢？

【教学引导】

钓鱼不是只有人类能做到的事。其实，不少鸟类早已掌握钓鱼的本领，人类的很多本领都是向动物学习来的。

聪明的银鸥及绿鹭就有着超人的钓鱼能力，为了钓到鱼，它们需要付出惊人的专注和耐心，才能获得成功。换成你是那只鸟，你觉得用什么样的钓鱼方式，才能获得更大的收益呢？

通过观看视频，让孩子们了解鸟的外形特点、捕食特点以及人类是怎么钓鱼的，同时通过观看《小猫钓鱼》的视频，启发孩子们可以把动物当做自己来进行创作。

【创作】

这节课，在构图上，主要教孩子发展画面，使整个画面丰富起来，让孩子懂得重复排列能产生一定的美感，同时在创作过程中，开发孩子的想象力，让孩子完全融入自己的创作之中，从而取得了可喜的成果。

【效果呈现】

孩子们充分发挥想象，完全投入到创作中，选取了不同的地点，采用单勾、双勾或多勾的方式，完成了创作。画面整体构图想象丰富，给我们耳目一新的感觉。

黄炯星（一年级）

陈潼键（二年级）

陈思涵（三年级）

林宛霓（三年级）

【引导感言】

在教学过程中，我觉得引导孩子发挥想象来发展画面是很重要的。如黄炯星小朋友，在最初的创作中，他只画了左边一只站在树枝上的鸟，整个画面显得空。于是，我及时启发："我们去玩的时候是不是只有一个人去呀？"小朋友马上想到了还有同伴，在空白的右边又加入了一只鸟，使整个画面丰富起来。

在创作过程中，因为孩子们把自己当做了小鸟，所以小鸟的面部特征呈现出的是一张小孩的平面的脸，鸟的两只眼睛紧紧盯着水面，小心翼翼的状态中我们可以感受到两只小鸟（两个孩子）钓鱼时是多么地专注。

课题7 种子的力量

材料：色卡纸、蜡笔、水粉颜料

课时：2课时

【看视频 促想象】

在植物王国里，种子看似渺小，但它们却是众所周知的“大力士”。无论生存环境有多么恶劣，它们都能冲破重重阻碍，坚强不息地生根、开花、结果。

给孩子们观看不同种子在不同环境中破土而出并开花结果的视频资料，目睹生命孕育和生长的全过程，感受和分享种子“大力士”成长的喜悦，丰富儿童对大自然的认知并使他们对其产生浓厚的兴趣。

【教学引导】

孩子们通过用眼观察，观看视频资料，对种子的构造特点及生长过程有了直观了解，再由老师讲解种子的外部结构画法及内心感知，加强对种子破壳而出那一瞬间的力量的理解，使孩子们在创作选材上呈现出多种形式：有的种子没有阻碍地生长，得到了很好的呵护，生长顺利；有的种子有阻碍、有挫折地生长，必将付出更多的努力，爆发出更大的力量。

课前可以让家长与孩子一起选种、育苗，引导孩子观察种子发芽的全过程，让孩子感知种子破壳而出时那一瞬间所爆发的巨大力量，感知生物求生的顽强与坚韧。

在创作这一主题时，老师在旁边加以引导，将种子成长与日常生活紧密结合起来，让儿童懂得种子生长不仅仅是在白天，也不一定在野外；种子发芽之后，还会遇到什么样的问题，应如何处理。

【效果呈现】

孩子们在画画的过程中习惯用8开、6开的纸张，有时候纸张外观的改变会给孩子一种新的感受，在“种子的力量”这节课，我将6开卡纸画为半弧形，像窗口似的，孩子们很喜欢。

星空下的种子在良好的环境中生长，特别滋润。图中每一粒种子都以慢悠悠的舞姿伸展自己的腰杆，画面力感充足，节奏感强。

许诺（二年级）

李淳钰（三年级）

陈栎宇（三年级）

李淳钰是位好动的女孩子。这幅作品中种子在风雨交加的恶劣环境里成长，刚长出的嫩叶摇曳不定，画面充满动感，我们不仅看到种子在与风雨抗争，更看到小作者在与困难作斗争时的顽强的内心世界。

陈栎宇小朋友将种子种在花盆里，天天为种子浇水、观察，领略种子的成长过程，感受种子强大的生命力。

下雨了，种子喝足水分，用力顶破土壤和卵石，慢慢挺直自己的腰杆。作者翁彤将种子顶的形态表现得淋漓尽致。

翁彤（四年级）

【引导感言】

教学中，教师充分调动了各方面的资源，孩子与家长积极参与了进来，让所有人都感觉到，创作来源于我们的生活，生命的力量是如此地强大，每一个孩子就是一粒种子。在成长中，他们也能爆发出巨大的能量，我们应该保留住孩子的想象力及创造的空间。

本节文稿修改：徐亮途

第二节 陪伴成长

画日记对孩子一生发展非常有益，它可以让孩子在长期坚持的过程中学会自我观察、自我思考、自我表达。一张日记画，可以留住孩子心灵成长的印迹，让成人通过日记走进孩子的内心，帮助他们建立起一种非常契合的教育关系——尊重。只有这样，我们的孩子才可以身心健康地成长。

每周我都会收到孩子们主动交来的日记画，这背后凝聚着太多家长、孩子和老师的辛勤付出，无论多忙我都会心存感激地坐下来看这些来自不同家庭的日记。在不断阅读和交流的过程中我能深深地感觉到，每一个家庭真正要把孩子的日记画持之以恒地坚持下去，是一件多么不容易的事情。如何帮助大家做到坚持画日记就成了这么多年来我不断思考、不断探索的头等大事。

一、沟通认识，鼓励参与

首先，帮助家长认识为什么要鼓励孩子画日记画。

刚开始家长不清楚什么是日记画，以为在家随便画一张交来就叫日记画。这时我会坐下来耐心陪家长阅读3岁到成人的日记，理解每一张日记都表现了作者内心的情感，凝聚着家长对孩子的尊重。

阅读过大量原创日记的家长回头再看漂亮整齐、符合成人审美的儿童画时，会有自己明确的主见：他们更愿意孩子画自己心中的画，虽稚拙，但真实。

家长的第一张日记画

为了留住孩子成长的印迹，家长们表示愿意陪孩子坚持画日记。试想：若干年后，等到孩子长大，再回头一起阅读她童年的一串串心灵的印迹，那该是多么幸福的事情！我想普天下所有的妈妈一定都向往有那么一天吧！

另外，我还鼓励家长画日记，虽然家长愿意坚持，但操作起来，会遇到“我不会画”的问题。

有一次，我们组织家长一起玩游戏。在一个月明星稀的夜晚，召集“不会画日记”的家长去樱桃山举行跑步比赛，看谁能坚持到终点。淡淡的橘子花香、温和的晚风让劳累一天的家长倍感新鲜，大家说说笑笑坚持到了终点。

回到学校让大家画感受，好多家长犯难了。为了消除大家怕的心理，我们耐心鼓励，家长紧张的心逐渐放松下来，只要开始动笔，我们就立即赞美。家长不再紧张，画面也随之画了出来。

我也曾经给一个刚来不敢下笔的3岁宝宝说过一句话：你随便画，画得乱七八糟我都喜欢。于是孩子笑呵呵地画开了，边画边说：乱七八糟，乱七八糟……正是这样的鼓励和包容让孩子紧张的心放松下来，画面中流露出了内心的情绪。两年后，当孩子妈妈再拿起这张日记给宝宝看时，他依然能清晰地笑着说出自己画的是“乱七八糟”。妈妈非常感动。

二、陪伴与等待

对于刚起步画日记的幼儿，很多东西无法凭空想象，需要现场体验，所以我要求家长尽量每周带孩子参与一些活动。家长们自己画过日记，能通过理解体验促进创作，所以周末都愿意陪孩子玩耍，以此来调动宝贝画日记的积极性。

车 马麟帅 3岁

这幅日记是帅帅3岁时画的。爸爸爱陪孩子看车、驾车、拼车，丰富的体验让宝宝一气呵成完成了这幅日记画，自信满满。

凯唯妈妈舍得花时间陪孩子，不仅带孩子外出，在家也会善用资源。这张《失火的飞机》就是妈妈陪宝贝一起看电视《超级飞侠》后，孩子拿红色水彩笔创作的。通过笔触和色彩能感受到平时胆小的凯唯此刻内心的激情。细看画面右边，您会发现她先画了飞机，然后用大量的红色，把飞机都淹没了，表达火势很凶猛。很可贵的想法。

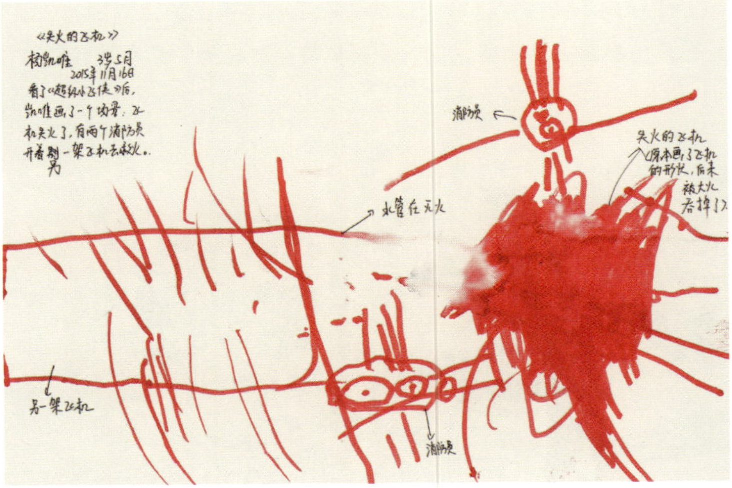

失火飞机　杨凯唯 3岁

4岁卓瑾的妈妈在家陪宝贝吃西瓜，耐心引导他挑西瓜籽，这一动作体验让孩子画出了如此美妙的日记。

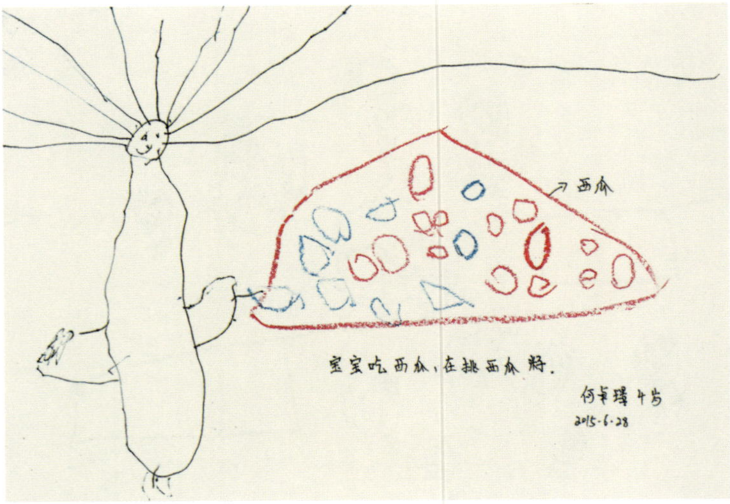

挑西瓜籽　何卓瑾 4岁

当然也不是所有家长都能意识到自己的陪伴对孩子画日记的重要性，有的家长忙，没时间陪孩子，就让孩子自己画。孩子生活经验匮乏，画面中常常重复单调的内容。为了让家长们多多陪孩子，我们策划了多期“宝贝，我们去哪里”的亲子互动活动，想方设法制造机会让家长陪孩子在玩中学习。

家长亲眼目睹孩子在陪伴前后的日记变化，理解了幼儿阶段的孩子需要家长多陪伴玩耍的道理。

宇航妈妈特别忙，活动让她明白了陪伴孩子的重要性。为了孩子，妈妈挤出时间陪孩子去户外参加各种体验，这张《摘草莓》就是孩子到农场玩耍后创作的。

摘草莓 李宇航 4岁

4岁的小杨每次交来的日记，画面中都找不到人，全是物品。我很好奇，和家长交流才知道孩子2岁时家里没有人带，常把孩子一个人放在家，孩子接触到的都是物品，所以3岁了孩子日记中也一直重复物品，并且不愿意与人交往。为了帮助孩子恢复交往，我鼓励家长多多带孩子和小伙伴交流。

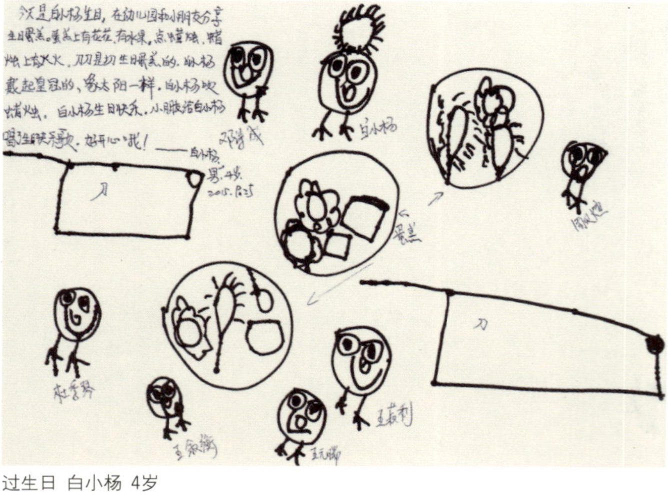

过生日 白小杨 4岁

这张日记是小杨过4岁生日，请幼儿园小朋友吃蛋糕的画面。可以看出孩子的交往有了进步，他记住了好多小朋友的名字呢。

随着家长陪伴孩子时间的增多，孩子的日记不断进步。这让家长更乐意持续陪伴孩子，刚开始是妈妈们陪，后来爸爸们也积极加入进来。

爸爸带4岁的韵绮去摘樱桃，给孩子留下了深刻的记忆。在画面中她把爸爸的形象画得很高大，爸爸有力的双手把宝宝托举过头，摘到了她想要的樱桃。

爸爸抱我摘樱桃 伍韵绮 4岁

爱孩子就要想方设法给她时间，丹丹爸爸做到了。为了激发孩子的创作灵感，他把小时候自己玩过的铁环拿出来滚给孩子看，孩子跟着爸爸一起奔跑，其乐融融。爱让她很容易就创作了这张温情的画面。

我和爸爸滚铁环 王怡丹 5岁

爸爸陪我去冲浪 王怡丹 5岁

爸爸除了在家陪孩子玩，还带孩子去海边。这张《爸爸陪我去冲浪》的作品画的就是丹丹爸爸抱着她准备下海的一瞬间。我们可以从举起的两只大手看出孩子按捺不住的激动心情。

6岁成文的日记线条灵动，人物生动，画面告诉我们这是一个来自民主家庭的孩子，爸爸很用心地把孩子的每一张日记都拍照存档，他说要和孩子一起坚持。父亲在孩子的成长过程中给予了孩子很多的时间和爱，所以孩子的日记中总是有爸爸的身影，很感人。

跳蹦床 杜成文 6岁

吃烧烤 杜成文 6岁

看电影 刘沅鑫 6岁

沅鑫妈妈会选择固定的时间陪孩子，并鼓励孩子坚持画日记，这张《看电影》，就是妈妈陪孩子观看电影后沅鑫认真画的，视角非常有趣。

去康定 夏一嘉 6岁

6岁的嘉嘉每个星期都要和爸爸妈妈去自驾，生活特别丰富，日记也异彩纷呈。但刚开始画日记时嘉嘉不敢下笔。通过妈妈的陪伴和耐心鼓励，现在的她不仅下笔自如，而且观察敏锐。这张《去康定》，孩子就敏感地觉察出和家里不一样的松林、松鼠、牦牛，以及道路的崎岖不平带给她的感受像碰碰车。

儿童天生具有绘画潜能。早期不需教授，只要多陪孩子参与丰富的体验，孩子自然会表达内心所见、所想。我们的家长们在孩子原创日记初期付出了太多太多，陪伴让家长知道了：只有生活丰富，日记才丰富。

三、帮助孩子成长

当孩子们的日记度过下笔困难期后，画面还会有大的飞跃。这时家长们会情不自禁地相互比较，并对自己的孩子提出高要求。为了让家长理解：孩子的画没有可比性，因为每个孩子内心的想法不同，所以画面也不同，我们建议家长倾听童画。

每次接孩子时，我们先让家长自己看孩子的画，思考画的什么，然后再听孩子讲。前后对比，家长意识到每个孩子的想法都不尽相同，只看不听妄加评论，是对孩子的不尊重。

6岁嘉嘉的这张画，光看大家可能不大明白。如果您听了孩子的讲述就会知道：嘉嘉是在学校自制洗发水（画面中绿色的盒子），为了验证是否成功，所以回家给狗狗洗了澡。透过画面我们看到的是孩子的好奇心和实验成功的那份自信。

给狗狗洗澡　夏一嘉　6岁

6岁睿睿的画，不听可能也不大明白，一听就知道画的是荡秋千，右边密密的线条是孩子对秋千的认识：推的力气越大秋千才可能荡得越高。

荡秋千 王梓睿 6岁

6岁欣颖的这张画乍一看是坐船，其实孩子想表达的是：和哥哥去划船时，不知道是哥哥用桨打进了水还是船漏水（船上绿色的部分），孩子很担心沉船，所以她想拉绳子上岸，她觉得这样才安全。

划船 何欣颖 5岁

日记表达的是每个孩子内心的想法，只看不听不足以洞察孩子的内心，为了让每一个家长真正理解自己的孩子，我们请家长每周坚持倾听孩子的想法并记录下来。

用心记录一个月，家长就会产生一种强烈的感觉：再小的孩子也有自己独特的想法。相信每个看到孩子独特想法的家长内心都是喜悦的，就是这份喜悦支撑着家长长期坚持记录，直到孩子可以自己写字为止。也正是因为家长的耐心记录才让不在现场的我有幸走进每一个孩子的内心。日记真正实现了家长、孩子、老师的沟通，大家彼此心连心，教育因为沟通而得以实现。

当画日记坚持到小学一二年级，孩子会用文字加拼音来诠释自己的画面时，我们要求家长除了倾听还要阅读孩子的文字，关注孩子内心的成长，懂孩子才能教育好孩子。

如6岁昱衡的日记画《游泳》，只看画面并不知孩子内心的想法，去听去读我们才发现，孩子为了学好游泳，遇到很多困难，但他仍然不放弃，坚信自己一定能成功。

不断倾听、不断发现，让家长对孩子的赞美由日记之初的言不由衷变成了今天的情不自禁。

让忙碌的家长乐意挤时间坚持倾听、记录、阅读孩子的日记，实属不易，我们珍视每一个孩子和家长的付出，坚持用最朴素的行动——一对一批改来回报大家。这份辛劳就像农夫采摘果园里的果实，累并快乐着。

游泳 汪昱衡 6岁

送给母亲的礼物 傅彦钦 6岁

随着孩子们的日记顺利地画起来，新的问题又会出现。家长们面对一大堆日记会不自觉地横向比较。比较让家长着急，恨不得孩子马上就超过别人。急功近利对孩子身心发展不利。为了让家长理解：每个孩子内心的成长速度各有不同，快慢都很美，我和家长们一起玩趣味游戏运水，比赛看哪一组最先把水运到对岸。

家长们发现，跑得越快水洒得越多，慢慢感悟到孩子的教育也是同理：欲速则不达。十年树木，百年树人，耐心等待才是真爱。

为了让家长进一步理解每个生命的成长速度各有不同，我们还陪家长一起种花，通过半年的观察，家长理解每个物种都有自身的特性，不必比较，静等花开。

彦钦的妈妈就是其中一个非常有耐心的家长。小朋友刚开始画日记时都是乱线，只能坐画一两分钟。妈妈和外婆以牵一只慢蜗牛去散步的心态等待孩子，耐心鼓励，从不打击。两年过去了，孩子在妈妈生日当天用两个多小时耐心地为妈妈画了一张日记，作为礼物送给刚刚出院的妈妈，用儿童特殊的饱含深情的爱为妈妈送上祝福，非常感人。

上学记 杨姝涵 7岁

打篮球 杨埕懿 7岁

随着日记的推进，和家长的交流也越来越多。部分家长反映孩子画日记时总会问：妈妈，是这样吗？感觉没有主见，家长不知该怎么办，没主见是思想不独立所致。要让孩子独立思考，家长首先要学会放手。

为了理解放手对孩子独立人格的促进，我们带家长和孩子去干涸的河床做了一次亲子探路游戏。游戏规则：活动全程家长只在孩子身后1米以外观察，不吭声，看看孩子是如何独立解决探索中遇到的各种问题的。

没有了爸爸妈妈的意见，孩子们像出笼的小鸟一样快活，爬、滑、走、跳甚至蹚水……通过自己的努力独立到达了终点。这一次探路活动让家长们深深感到：孩子没主见是因为平时自己的意见太多，一旦放手孩子是可以独立去探索的。

煮饭 杨卓瑾 7岁

雨天 李思源 9岁

玩过探路游戏的家长不再去干预孩子日记中一定要怎么画和画什么了，反而孩子的画面越来越有想法。

孩子们的日记画到小学，习惯基本养成，不用提醒，他们每周都会自觉安排时间完成，耐力也由幼儿时期的几分钟几十分钟到持续近2小时。这就是坚持带给孩子的进步。

理发 刘明宇 10岁

烧烤 刘明宇 10岁

下棋 刘明宇 10岁

日记画在创美坚持了10年，成就了一批批优秀的家长、孩子和老师。为了肯定大家一路陪伴，一路支持，我们举行了第一届原创日记大赛。

比赛当天恰逢大雨，但100个家庭依然从30多里外驱车前往比赛现场，没有一人迟到。这让我们非常感动：孩子原创日记的背后站着一个巨人，那就是风雨无阻高素质的家长。

每一张作品都画满了不同风格的雨点，大雨的背后传递的是家长们风雨无阻的那份坚持。因为家长坚持，所以孩子坚持。

去石象湖参加日记比赛 叶瑾西 8岁

去参加日记比赛 刘珥立 7岁

风雨无阻去参加日记比赛 傅彦钦 6岁

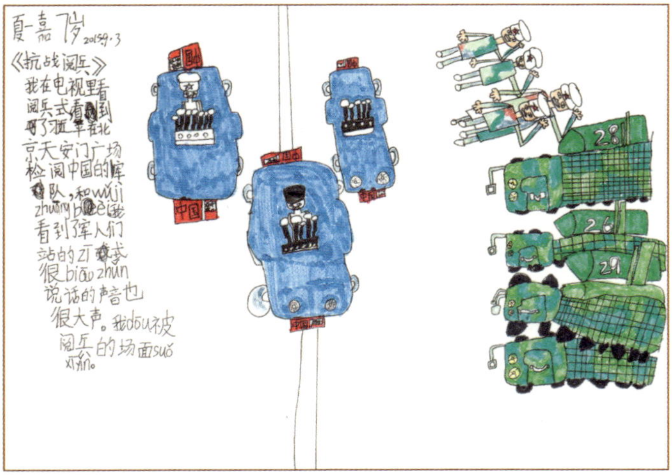

抗战胜利70周年阅兵是我们国家的一件大事，为了激发孩子们的爱国情感，我们给家长们发了一条短信：请家长陪孩子一起看阅兵仪式，并用日记的方式表达。周末孩子们齐刷刷地交来几百张日记画。

坚持原创日记的每一步都很难忘，每一步都应珍藏，这就是为什么很多妈妈把日记交给我们后，每年还要求我们把日记还给他们，他们要为孩子一直珍藏这段心灵成长的印迹。

第三章

因势利导

第三章 因势利导

第一节 互动使儿童艺术自由翱翔

绘画是儿童生活中不可缺少的一部分，也是他们精神生活的需要。在绘画创作的过程中，儿童只有产生了强烈的表现自身感受的欲望，才能真正画出属于自己的绘画作品。通过师生互动进行启发式教学，是我在课堂上常用的，也是一种十分有效的教学方式，它可以让儿童借物抒情，在艺术世界中自由翱翔。

一、以儿童的视角启发延展绘画内容

在设计教学课题时应结合儿童生活实际，选择那些视角独特、有美感又能激发学生灵感的题材内容进行教学。

大手游乐场　梁竞研　9岁

马戏团　王涵宇　8岁

“手的创意世界”是在手的写生课基础上延伸成的一节创意课。通过背景故事情节的添加，让儿童结合生活经验找到自己比较熟悉有趣的内容进行表现。学生有了自由发挥的空间，创作过程中表现比较热烈，比单纯的写生课更受学生的喜爱。

在启发创意时，老师要不断地启发学生，鼓励他们联想自己喜欢的比较独特的一面进行表现。

《大手游乐场》《马戏团》是两个女孩的作品，表现了女孩子比较喜欢的游乐场和马戏团。女孩对人比较关注，她们喜欢动物，喜欢漂亮的服饰，所以在选择绘画内容时，她们更喜欢表现这些内容。

《太空之旅》《未来渔场》《奇异空间》是男孩们的作品，表现了男孩子比较喜欢的飞行器、海底世界、高速公路的情景。从作品的选题角度能够看出孩子们的精神世界是各不相同的，男孩和女孩有着明显的性别差异，也能够反映出日常生活在每个孩子身上留下的印迹。

太空之旅　王煦桐　8岁

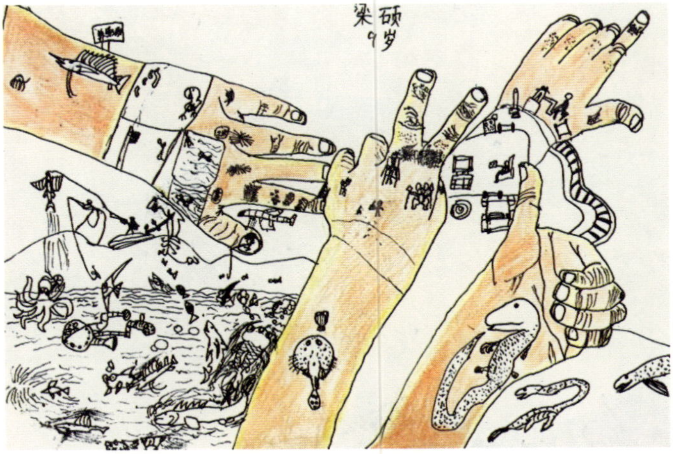

未来渔场　梁硕　9岁

奇异空间　滕益　9岁

“帆船”这个课题是给七岁左右的孩子设计的，要求使用8开纸画，用炫彩油画棒在4课时左右完成，目的是让孩子以帆船为原点表现出不同的人与船之间的生活情景。选择帆船作为创作主题，主要是因为帆船的造型特点突出，细节丰富，画出来有明显的疏密对比关系和比较强的形式美感。虽然帆船的结构比较复杂，对六七岁的孩子来说看上去比较难画，但在上课时由于有了老师的讲解和示范，孩子们在画时并没有表现出太多的畏难情绪。另外对生活在城市的孩子来说，虽然帆船与海上的生活比较遥远，但因为新奇，也带给孩子很多创作的激情，也可以让他们创造出非常生动的作品。

出海　刘馨瑶　8岁

刘馨瑶的作品表现了两艘大帆船出海回到港口时人们欢呼雀跃的场景。

一叶方舟　赵尹翾　7岁

赵尹翾的作品表现了一艘大帆船被一片巨大的树叶托着在海上航行，被空中飞起的鱼儿包围时的科幻般的情景。

多功能船　张超宇　8岁半

儿童的绘画作品里除了表现他们眼睛能够看到的生活当中真实的情景，还经常会出现像赵尹翾小朋友画的那种看上去既是生活里有的又是虚构的画面。这是因为儿童在画画时并不依靠理性思维，而是在审美过程中以情感愉悦为主，是在情感和想象的参与下表现的对客观事物的感受和体验，所以他们的画看上去符合客观生活又超越真实生活，这也是儿童不受约束喜欢天马行空，想象力丰富的一种表现。儿童可以通过绘画这扇门，自然地进入那种超现实的广阔而奇妙的世界。

张超宇是一个绘画能力很强又十分有个性的孩子，他的超强的设计能力和与众不同的思维方式全部体现在了这艘多功能游轮上。这幅画非常完美地表达了孩子心中的理想，表现了人们在船上自在、幸福生活的情景。从作品中能够看出孩子的生活经历非常丰富，他把生活当中的游乐场、拓展基地、旅馆、餐厅、电影院等公共场所都设计在了他的大船上。

所以读孩子的作品不仅可以了解孩子现实生活的状态，还可以看到他们的精神生活。儿童生活的环境决定着儿童绘画题材的内容，新鲜有趣的绘画主题激发着他们的创作灵感。当那些饶有意味的形象、生动感人的画面跃然纸上时，我们一定能深刻认识和体会到儿童身上蕴藏的创造能力和表现能力。

骆驼的新家　陈雨瞻　6岁

骆驼一家　何美仪　7岁半

二、尊重儿童独特的艺术语言形式

通常人们认为绘画是一种技能，需要成人传授，却不知绘画能力是人人都具有的潜在能力。大多数儿童都能通过直觉创造视觉符号，用绘画作为语言表达感受，交流情感。因此，在我的教学中不是让儿童临摹成人的作品，而是通过教师与学生的互动交流，引导他们通过对事物的观察感受，凭直觉进行原创，这样画出来的造型才是独一无二的，带有强烈的个人体验与情感。

这几幅6到8岁儿童创作的骆驼的形象造型各异，不仅抓住了骆驼的特征，而且带有强烈的个人色彩。

沙漠水世界　王思皓　7岁

骆驼国王的一家　嵇嘉旭　8岁

孩子除了可以凭直觉创作出各种造型符号，还可以根据自己的生活经验与感受借物抒情，创作独特的画面故事情节。而要想表现出一定的画面故事情节，孩子们要根据想象画出不同的动物动态，而这些都是在师生的互动过程中完成的。

《小猫抓鱼》《伤心的大鸟》《恐龙公园》《鲨鱼公主》等作品都是在这样的互动中完成的。

鲨鱼公主　高瑞　5岁

小猫抓鱼　何鸿昊　8岁半

伤心的大鸟　王伊　6岁

师生互动的启发式教学，尊重儿童的思维和个性，所以孩子在创作过程中非常喜欢把自己的想法说给老师听，也特别乐意接受老师的引导和帮助，创作情绪高昂。

恐龙公园 张超宇　7岁

野钓　黄泊钧　6岁

《野钓》是黄泊钧小朋友创作的大象喝水的作品。这个孩子是一个刚来画室学画画的新生，自己不是特别喜欢画画，只是因为妈妈喜欢才来到画室的。他刚来时情绪不是很高，造型的能力也不强，所以画出来的大象不是很写实，也正因为如此，孩子凭直觉创造的夸张的大象造型看起来十分地与众不同。当时孩子和我的互动环节是这样的：在孩子画完一群动态各异的大象时，我问他：你的大象是在什么地方玩耍呢？除了大象还有谁和它们在一起吗？孩子听到我的问题，说他看过电视，知道大象喜欢在水里玩，所以他想给大象们画一条河。他又说在河边有人在钓鱼，突然看见一群大象过来喝水，非常地高兴。通过聊天沟通，我了解了他要表现的故事情节，对这个孩子有趣的创意及时地给予了肯定与鼓励，让他大胆地把自己的想法画出来。这个孩子在我的鼓励下，很快添画出了一条大河和一个钓鱼的人。当画面完成到这个阶段时，我看到画面的左上方有一点空，为了让孩子的画面具有形式美感，我给孩子提出了这样的建议：这条河里有大鱼，吸引了一群人来钓鱼，而正在他们钓到大鱼时，一群大象迎面而来。如果这样处理，你的画面看起来会更美观，也更加有趣。孩子听了我的建议，非常开心，很快把自己的画面修改完成。

在师生互动启发的过程中，教师可以了解到儿童的兴趣爱好、生活经验以及对事物的直观感受，然后根据情感需要，因材施教地挖掘他们内心深处表现生活感受的欲望，激发起他们创作的热情。长此以往，互动启发式教学过程不仅能够舒缓儿童的情绪，而且能够使他们的个性得到发展，同时也让孩子感觉到艺术带给他们的自由和快乐，让他们从此爱上画画。

绘画对儿童来说是语言、个人情绪、情感等精神生活的表达。好的儿童作品，可以让人们了解儿童成长中的方方面面，如智力、成长状况、性格爱好、心理健康状况等。

《奶牛的一家》是一个叫乐乐的5岁女孩画的。记得孩子刚画完时，我就有眼前一亮的感觉，很喜欢她的这张画儿，画面上的奶牛动作表情十分生动有趣。我以为和大多数孩子一样，乐乐喜欢画一家三口来表现他们在家庭中的生活。最顶部的一定是奶牛妈妈，因为她的肚子里有宝宝了，那底部左侧那只微笑着张望的一定是一头小奶牛了，那中间戴着项链笑眯眯陶醉中的大奶牛是谁呢，也是妈妈吗？可奶牛爸爸哪去了？带着疑问，我和孩子聊了起来。孩子说最上面那头是大姨妈，肚子里有宝宝了，现在宝宝已经出生了。中间那头戴项链爱漂亮的是妈妈，而最下面坐着回头看的是姥姥。原来是这样的奶牛一家。通过和孩子的沟通与交流，我不禁感叹，因为孩子的生活经历是这样的，所以她画的奶牛故事是她的生活和情感的表达，而不是我想象中的那个概念的一家三口的故事。孩子通过奶牛一家的创作，学会了借物抒情，而好的儿童作品最难能可贵的就是有独特的生活经历和感受。

奶牛的一家　高馨娅　5岁

三、关注儿童创作过程中的艺术发展

在启发互动式的教学过程中，儿童不仅可以逐渐掌握美的规律，提高审美能力，而且能够使他们的观察力、记忆力、想象力和创造力等各方面能力得到均衡发展。

1. 感受与体验

要想让孩子的画面生动有趣，就要让他们懂得借物抒情，表达自己独特的心理感受。儿童在进行创作之前，老师要通过图片、视频讲解等多种方式让学生了解所画事物的特性，并结合自己的生活经验、兴趣爱好找到独特的视角，提前设想一下要表现的故事情节。

例如“犀牛”一课，我在让学生创作之前，先通过各种视频资料向学生介绍有关犀牛的知识，然后让学生以犀牛为主体，结合自己的兴趣爱好和生活经验，用拟人化的手法借物抒情，设想一下画面的故事情节。

犀牛生日会　张颖涵　6岁

张颖涵同学的作品表现的是五头大犀牛在家和小朋友一起过生日的情景。

于锦煊小朋友的作品表现的是一个勇敢的小姑娘带领两头犀牛采摘水果的情景。画面中一头小犀牛站在一头大犀牛的背上，而小姑娘又站在小犀牛的背上，一手举着刚采摘的鲜花，一手拽着绳索，正在慢慢靠近前方一棵挂满果实的大树。

采摘　于锦煊　6岁

介雨萱是一个七岁的女孩，她画的是一群犀牛被两个姑娘赶着进入到城市街道的场景，而生活在城市里的人们，正站在窗前关注着眼前庞大的犀牛群进城。

犀牛来了　介雨萱　7岁

《救援犀牛》是一个六岁男生创作的。画面描述的是救援队对一头受伤的犀牛进行空中救援的情景。

救援犀牛　董安晨　6岁

2. 创造形象

心中有了故事情节的设计，老师再带领学生观察图片或分析实物，掌握物象的造型特征，然后让学生根据直觉去创造造型符号。因为儿童还不具备理性的艺术思维能力，所以在绘画前儿童不需要像成人那样预先设计若干小构图，推敲画面的形式结构，而是让儿童直接用线在纸的任意位置勾画形象，这样可以给他们更多未知的空间，让他们自由组合发展画面，有利于提高学生的造型能力。而这种自由组织构图的方式也更符合孩子喜欢自由、乐于探索的天性，更能激发他们学习的热情。

大鸟运动会　张楚晗　7岁

回家　谈佳　6岁

遇见　赵梦阳　5岁

在借助图片资料或实物创造形象符号时，学生可以先凭直觉直接用记号笔勾画物象轮廓，勾画时注意表现轮廓的起伏变化，然后刻画内部细节，刻画时注意线的排列组合要有变化和取舍，引导学生学会主动调整画面的疏密节奏和黑白灰关系，让画面形成节奏美感。

3. 组织画面

教师在辅导学生创作时，要多与学生互动，了解学生的想法，在互动中根据学生的思路因势利导，帮他们出主意、想办法，让学生根据画面情况边想边画、边画边调整，逐渐发展画面的剩余空间，使画面具有形式美感。

例如“青蛙”一课，于子涵小朋友画的《避暑》表现了四只小青蛙在似火的骄阳烈日下在草丛中避暑的情景。画面的构图不是预设好的，而是在画的过程中，通过师生的互动逐渐发展而来的。在引导学生表现青蛙的造型时，注意提醒学生在画青蛙的排列组合时，表现出前后的遮挡关系，四只青蛙要能表现出大小、动态的变化，表情上要能反映出每只小青蛙躲在草丛中的心情，让画面构成具有节奏美感。

《爸爸妈妈爱我》表现的是池塘里一群小青蛙在父母的陪伴下，在荷叶上嬉戏玩耍的情景。画面中两只小青蛙在父母的保护下，站在一根长长的植物上激动地跳跃、玩耍，四只大青蛙动态不同，表情专注地看护着自己的孩子，是一幅温馨感人的画面。

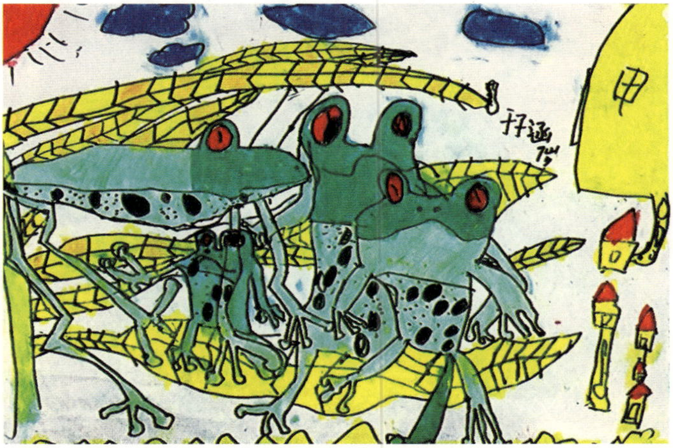

避暑　于子涵　7岁

爸爸妈妈爱我　鲍敏行　7岁

作品《弟弟出生了》表现的是生活在大树上的树蛙一家，画面中一只刚出生的小树蛙正费力地顶破蛋壳向外爬。

弟弟出生了　师悦洋　7岁

《青蛙的慢生活》用拟人化的手法表现了很多小青蛙自在生活的情景。画面中有一对青蛙父子正坐在室外的遮阳伞下享受美餐，而另一只年长的大青蛙举着一把大雨伞弯着腰从这里走过，热闹的街道上还有很多青蛙在散步。整个画面造型生动，节奏明快，具有一定的形式美感。

青蛙的慢生活　郝韵翔　7岁

捕食　王佩熙　8岁

《捕食》表现了一群青蛙蹲在一张大荷叶上捕食的情景。画面最初，学生只画出了荷叶上的几只青蛙，周围黄色底纸全是空白，画面略显空旷。为了让画面形成美感，孩子自己想画一些水波纹，于是我给他提了一些建议，认为不如换一些小蝌蚪更贴近画面的内容。孩子听了老师的建议，自己选择添加了小蝌蚪，使画面更丰富，也形成了美感。

在添加线稿背景物时要想让画面具有美感，应注意宁缺毋滥、简明扼要、突出主题，处理好背景与主体的主次关系，同时还要适当留白，不要把画面画得过满。

《出游》《幸福的天鹅》两幅作品，很好地表现了主体与背景的主次关系，水纹的处理线条生动，有长短、方向、疏密的变化，恰到好处地衬托了天鹅。

出游　丁和齐　6岁半

幸福的天鹅　王天铀　7岁

4. 画面设色

在涂色时，儿童根据自己的喜好或情感需要自由选择色彩，要比运用写实色彩更符合儿童的特点。关于色彩搭配方面的知识点很多，教学中教师应避免直接用学生不能理解的专业术语，努力创造儿童能接受的方法和语言，深入浅出地讲解。在引导学生设计画面色彩时，应注意主体物的色彩要简洁、有规律，形成色调，背景的颜色要与主体物色彩形成冷暖、深浅的对比，以突出主题。

教学中我发现，儿童在涂色时总喜欢把很多喜欢的颜色都用在画面上，结果画面色彩混杂，没有冷暖、深浅、主次的对比关系，没有形成色调，画面色彩不和谐，缺少美感。

为了解决这个问题，在引导学生设计画面的色彩时，我尽量把专业的色彩知识转化成学生能听懂、能理解的语言，采用了限色的方式。首先告诉学生很少的几个颜色搭配好了就可以画出非常漂亮的作品，色彩的设计不是越多越好。为了让学生理解画面色调和主体与背景的对比关系，我跟学生做了一个小游戏，让他们把画笔以冷暖、深浅进行分类。然后由学生自己选择三四种与纸的颜色形成对比的暖色或者冷色（也可以加入对比色，但加入对比色时要强调主次关系），用这几个颜色先给主体物上色，这样就顺理成章地解决了画面的色调问题，也解决了画面色彩混乱的问题。

警察局　董安晨　6岁

《警察局》中鸟儿的颜色在红黄暖色中加入了一点点深绿色，背景墙的浅蓝色很好地衬托了大鸟的形象，而背景砖墙的黄色又与鸟儿身上的黄色形成了呼应，整个画面既有对比又统一。

捡垃圾　王思皓　7岁

《捡垃圾》中的大鸟的颜色则以深浅不同的黄色为主，背景天空留白的处理很好地衬托了大鸟的形象，而地面较深的黄绿色与鸟儿的浅黄色属同类色，整个画面的色彩看上去很和谐。

下面两幅作品中画面的主体物仙鹤的颜色都是白色。为了突出主体，两个孩子选择了不同的色彩处理方法，色彩设计都很成功。

《鹤舞》这幅作品背景色选择了较深的蓝绿色。

《医院里的生日会》这幅作品的背景色借用了纸张的黄色来衬托主体。

鹤舞　滕润　7岁画

医院里的生日会　简馨玥　7岁

抢果子　王嘉硕　7岁

动听的歌　介雨萱　7岁半

聚会　张颖涵　6岁

大鸟　贺婷燕　8岁

这几幅表现鸟儿生活的作品都是通过师生的互动，让孩子在游戏中学会用色彩设计画面，突出主题的。在涂色时孩子们根据自己的情感需要，不受客观真实的限制，选择自己喜欢的颜色，用主观色彩进行表现，十分开心。

在师生互动启发、探究式教学中，学生通过创作，不仅能够逐渐掌握审美规律，提高审美素养，还能够不断地提高自己的创造力、观察力、想象力，使各方面的能力得到全面、均衡的发展。

少儿美术教师的工作是塑造灵魂、塑造人的工作，少儿美术教育就是通过艺术活动丰富人的情感，提升人的精神境界。所以师生互动、启发式的教学方式是非常考验教师的教学智慧的。要想帮助每个学生解决创作中遇到的问题和难点，需要教师不断地提高自己的专业水平。而只有坚持儿童原创，才有利于儿童的身心发展，才能让儿童的作品中蕴含丰富的生活底蕴，让他们在艺术世界中自由翱翔，也只有这样我们的教学才更有意义。

第二节 儿童黑白艺术

黑白画是绘画表达的一种方式，不需要太多工具。儿童进行黑白画练习与探索，可以提高他们的基本造型能力，如观察与表现能力、组织与分析能力、画面的归纳与概括能力以及营造画面韵律和节奏的能力。

初学绘画的儿童，先学习如何用手握笔，然后从线开始画下自己所看到的、所记忆的以及所想象的。画画行为在人的幼儿期，其实就如要发声说话和唱歌一样自然，但真正的绘画启蒙是逐渐由泛泛地观察、记忆、归纳过渡到面对事物进行视觉感受开始的。

观察实物能使儿童更具体细致地了解物象，促进他们造型表现能力的发展。写生要求孩子开始学习如何深入观察物体细微的结构，尽量表现出眼睛所看到的一切。画得具体的同时，还要懂得如何构图，如何组织线条和概括画面，有意识地表现画面的节奏与韵律。

一、观察与表现结构之美

在黑白画的范畴里，首先包括线描静物写生。对自然界存在的物体或普通生活用品的描绘需建立在对物体的结构、特征、肌理等的深入观察的基础之上。可以确认，写生的第一步是训练学生的眼睛和思维，养成观察事物的习惯，掌握观察的方法和能力，再把观察到的及时画下来。因此，写生是培养造型能力的重要方法。

一切教育都应该有助于人的全面发展，艺术教育当然也不能例外。学习绘画不仅是培养学生的表现能力，也是培养他们的观察能力、审美能力、创造能力。而获得这些能力，对学生一生都将产生积极的影响，尽管他不一定能成为艺术家或设计师。

学会如何观看世界里纷繁的事物是最初的起点，因为培养观察力不单是为了画得像或准确地再现客观物体，而是通过观察去学会发现，并接受自然的启迪。有效地观察能让我们深入到事物当中去感受这个世界。正如哲学家马尔库塞说的：“艺术的使命就是让人去感受世界。”

印象派大师德加曾经说过：“绘画表现的不是形体，而是对形体的观察。”

观察是认识客观事物的通道，在剥离事物的美和真实的过程中，画者融进了自己的审美、想象以及创造……

围绕对“观察”的基本认识，我在教学中设计了三种类型的课题与学生一起研究和实践。

课题1 对物体细节特征的观察与表现

每一个物体都存在自己的独特性。所以对物体的观察不能停留在表面，必须研究物体结构的每一个细节。所谓对细节的观察就是要在观察的过程中发现细小的局部特征。我认为在儿童写生中训练对细节的观察对他们非常有帮助，尤其是用黑白作为手段的时候，这些微妙的结构或因颜色、质感，或因细小往往不会引起注意，必须先具备观察的意识，并静下心来集中精力去观察才能发现它们。我称之为“静态观看”。通过这种方式的观察，不但可以培养学生的耐心和集中精力的良好习惯，还可以引导他们怀着一颗面对世界的初心，使眼睛、手和大脑保持协调一致。学生一旦具备了这样的一致性和沉静的心态，就可以发现事物所具有的独特特征。

对于儿童的黑白画写生，我在设计课题时一般从色彩相对单一的蔬菜开始，如对芹菜、香菇、大白菜等进行写生；也可以从交通工具，如自行车这类看似复杂的物品入手。因为芹菜、大白菜、自行车这类外形有特征、有内容又有变化的物体，学生容易对它们产生兴趣，表现起来也津津有味。芹菜叶子的形状、切开的白菜的叶茎、叶脉以及自行车上复杂的零件和构造，可以给学生提供丰富的表现内容。

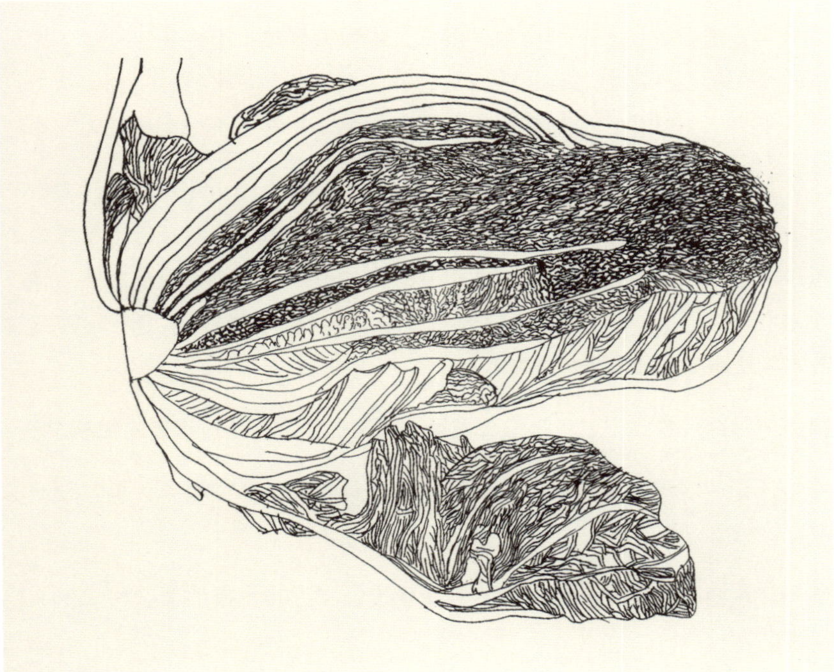

切开的大白菜

动物园写生　张毅轩 8岁

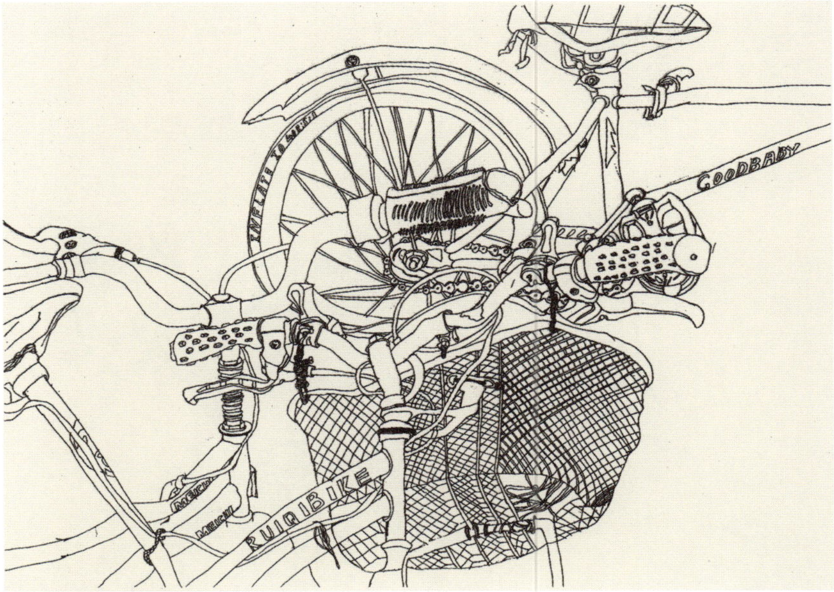

自行车写生　傅睿晨　9岁

引导学生对写生物体的外形、细节深入观察，可以帮助学生认识物体的结构特征。同时以单纯的黑白作为表现手段，通过对细节的精细刻画，被表现的物体有着不同的密度，自然能使画面在层次上有了黑白灰的对比。这种画面的对比效果是通过观察后进行提炼而表现出来的。

课题2 对同一物体进行不同视点的观察与表现

物体是三维度的，有不同的面。多角度的观察就是要求观察者变换位置，对一个所要表现的对象从正面、侧面、前面、后面、半侧面、俯视、仰视等不同角度去观察。在写生的过程中，如果只从一个不变的视角看对象，看到的只是它所呈现给我们的一个侧面；而经过不同视角的观察，可以发现从一个固定视点看不到的真实，从而体验物体形和结构的无穷变化。

这种视觉意识早已体现在中国古代山水画中，比如范宽、黄公望的绘画中。

富春山居图（局部） 黄公望

在我的课堂上，每个学生要自带写生的物品，这是些体量不大的东西，可以是学习用具，或生活日用品及食物等，也可以带自己穿的鞋、听的单放机、用的玩具车等。我要求他们从不同视角去观察并完成写生作业。由于每个学生都有自己的写生物品，他们就可以对所描绘的对象仔细地从任意角度进行观察和认识。这不仅会提高观察力，还会锻炼他们的分析和归纳能力。

《螃蟹》这幅作品构图错落有致，不拘泥于统一的焦点透视。从不同角度观察，不但可以更好地描绘细节，还可以使画面富于变化。

螃蟹 刘世禹 8岁

在作业的开始，我要求学生任意摆放物品，并调整观看的角度，最少要从四个角度去表现写生的物品。在写生过程中，因为有了前一段时间的线描造型练习基础，大部分学生不会因为视点的不断改变而产生严重的透视问题，尽管准确地表现焦点透视并非主要目的，但也有些学生由于透视角度的变化而使所描绘的物体过分地扭曲或变形，这就需要一个适应和训练的过程。

多视角观察的目的是通过改变角度对事物进行整体和全面的认识，这个方法也可以让学生直观地从物品的不同角度中发现我们每天都会看到的物品竟然有如此奇妙和有趣的变化。学生自主地摆放和转换物体的角度，可以体现出自己的审美个性，他们不再是被动跟随，成了真正的作者，是创造的主体。

学生们的观察视点游移在物品上，探索物品的构造，虽然他们面对的是很小的物体，却与石涛的“搜尽奇峰打草稿”有着异曲同工之妙。

有标本鸟、民间玩具的静物　杨馨玥　10岁

课题3 对不同物体从不同视点观察，表现成组物体

随着学生观察、表现能力的逐步提高，应适当加大难度，要从单个物体写生过渡到成组物体的写生。如果在课上让若干学生根据老师摆放的同一组物体写生，就会出现一个问题：这一组物体并不是从每个角度看都符合审美要求。于是我在教学中设计了不同视角的观察，用组合的方式表现成组物体。

在成组物体的写生中，我在摆放物体时能根据学生的位置保持一定的自由度，让物体与物体之间没有任何固定的关系，学生可以围绕静物多角度写生，自己组合画面。在教学引导上，在分析写生物体的结构特征后，针对构图的一些问题，如主次、前后、穿插、聚散等给学生提供指导和建议，同时让学生拥有自主的表现空间。结果学生们的作业呈现出多样性，不再是一个角度观察下所表现的千人一面的类同作业。

有芹菜、白菜的静物　任水天　9岁

二、黑白概括之美

由于对色彩运用的极致限制，黑白画具有天然的高度概括特性，必须很好地处理黑与白这处在两极的元素，使要表现的形象简洁明了地浓缩在黑与白的精妙组合中。

课题1 简练的线条

线条具有简洁的“力量”，准确而概括，富有表现力，用线条表现世界需要具有高度概括的能力。

中国古代绘画不通过明暗表现物体的体量感，却以线条见长，略去了复杂繁琐的中间过渡层次。毕加索极为推崇中国的线描艺术，也尝试画过这样的作品。

斯特拉文斯基像　毕加索

天王送子图（局部）　吴道子

线条有粗有细，有轻有重，走向不同，长短不一，变化多端。要善于抓住形象的主要特征和结构，删繁求简，才能画出线条的表现力量。

运动会　王靖瑜　7岁

课题2 版画

版画是通过黑白这两种极富对比的色彩语言来完美地概括和表现整个世界的精彩。黑白版画具有强烈、明快、单纯、朴素的特点，黑与白的中间过渡是留给观者想象的空间。

纸版画是儿童很喜欢的一种表现形式，它像游戏一样既动手又动脑，涉及到工具操作和材料制作，对锻炼孩子的动手能力很有帮助。创作纸版画第一步是把一个形象（如人物的身体）各部分独立剪裁，再重新组合。组合时要考虑不同形象之间（人与人或人与物）的前后关系。在制作过程中，人物的形象尤其会具有儿童的夸张和想象意味，因为在较硬卡纸上剪出各部分人体的形，剪刀的力量所形成的线条加上变了形的人物结构，夸张的人物表情与动态给观者以幽默、天真和质朴之感。比如《田径赛》这幅作品，作品夸张了运动员昂头、大幅度甩臂和迈大步奔跑的撞线瞬间。飞起的头发、挺起的胸脯、撞断的终点线绳都体现了学生对生活的观察，画面洋溢着童真与童趣。黑色构成的人物与白色的背景，简洁概括，凸显了人物和主题在整个画面中的主导地位，厚重而鲜明的黑色强化了奔跑的运动感和力度。

田径赛　曹文博　8岁

肯特的版画

课题3 静物写生

前面我们说到过，黑白画静物写生是造型基础训练的一个重要环节，目的是引导学生观察细节以及发现整体与局部之间的关系。写生练习在培养学生的观察能力的同时，也能够训练学生的造型能力和表现能力，还可以进一步提高学生的综合与概括的能力，而这种能力与创造力有着密不可分的联系。因为写生是从观察处在三度空间中的物体开始的，不仅要引导孩子去积极主动地观察对象，还要把观察到的事物进行概括和取舍。

我设计这个课题时选择了鸟类动物——鹭鸶。鹭鸶的外形结构相对复杂，头、身体的形状和羽毛的造型丰富而有变化，是较难捕捉和表现的。但也因其羽毛具有较强的层次特征，学生很容易观察到，从而激发起他们的表现欲。我在辅导学生时，首先要求学生观察鹭鸶的动态和结构特点，对鹭鸶有一个整体的印象。对于羽毛的表现每只鸟都要有不同的处理。其中引导归纳和概括羽毛的黑白灰层次非常重要，比如白色的羽毛处理可以留有大量的空白，但概括中要有相应的细节处理；对于毛色深的，刻画时也要有整体的对比关系。背景表现要善于取舍，注意整体感，只要照顾到背景植物的基本姿态即可，不做过于复杂的处理。

鹭鸶　姬沛萱 9岁

鹭鸶　张陶陶 7岁

三、节奏之美

课题1 韵律感

视觉艺术的点、线、面，经过统一又有变化的布局和构图，就会传达出类似音乐中的旋律、节奏之美，只是音乐带给人们的享受是听觉上的，而这个享受是视觉的。

画面中点、线、面的对比穿插和不同形状的对比可以使作品产生相应的韵律感和节奏感。特别是黑白画，不同分布、不同大小、不同比例的强烈明暗对比，会给人带来不同的韵律感。空白的部分会给人安静、放松的感受；黑色具有一种张力和厚重之感。黑与白有效地交集和组合会给人一种平衡、稳定、和谐的感受。这些不同形状的黑白交错、互衬、对比和呼应，宛如一曲不同乐器组成的交响乐，充满着韵律美和节奏美。

“切开的果实”这一课题，我在指导写生时首先要学生观察切开的橙子的外形发生了哪些变化。切开一半的或切开四分之一的都会有所不同，每个切开的橙子不同的面、不同的角度可以产生无穷的组合。我告诉学生要注意橙子的前后遮挡、远近大小、聚散、方向等，在组合时寻找变化和节奏，升华静物的“静止状态”，表现出一种跳跃的、滚动的、不稳定的感觉。在果实切面的图案表现上，要观察图案的变化、线的走向，分析并表现点、线、面和黑、白、灰在画面中的形成、组合、交错、渐变，使画面具有韵律与节奏之美。

切开的果实

课题2 疏与密

画面中相对简练的形象，要和相对丰富的形象进行有效的结合和搭配，以达到既具有黑白对比、明快而强烈的画面艺术效果，又具有疏密变化和对比所产生的节奏美感。

大自然以及生活中的事物，给我们提供了很多美好的图景，空阔的大海、浓密的树林，要有意识地运用点、线、面多种形式的表现方式，得体的疏密安排，使画面具有不同层次的黑、白、灰变化，以及不同层次的虚实错落。

在教学中我要求学生不仅要仔细观察和研究描绘对象的结构，还要透过不同物体的材质对比，感受不同的肌理所形成的美感和特点。如鸡冠花、莲蓬晒干后的独特结构和形体的丰富变化，布玩具的变形和夸张，不同地域不同风格的瓶子造型以及上面的图案，等等。同时还应该注意观察每件物体在一组静物中的位置以及不同物体之间的前后关系，以便很好地表现出它们的相互穿插、相互渗透和相互遮挡的效果，使画面更加错落有致，充满节奏和韵律。我向他们强调：面对一组静物，每个人的位置不同，视点和观察角度也不同。鸡冠花的有机结构可以使画面生动而富有情趣。为了增加学生写生的兴趣我在瓶花周围放置了不同材质、不同风格、不同造型的罐子，再加上布玩具和莲蓬，还选择了有规律的格子布作为衬布，以加强有机形、对称形、规则形和几何形等不同形象要素之间的丰富对比，静物因此而活了起来，它不再是静态的。还有一个要点就是在细节上要引导学生深入观察鸡冠花衰败和干枯后的变化，耐心刻画花头的结构、花托的细密纹理、枝干的姿态等精微之处。另外，在成组静物中衬布也是重要的物体。对于衬布的刻画，要特别引导学生注意衬布柔软、悬垂的特性，格子布的条纹图案会随着衬布的皱褶和起伏而产生变化，这种变化会使画面变得活泼，动感十足。

根据学生的年龄特点和学习经验，一是要引导学生从写实的角度深入刻画鸡冠花的有趣细节、花瓶图案的点线面、布老虎的缝线结构等，表现出画面的节奏感；二是要引导学生运用黑色的表现力以增强画面的强烈视觉感，如莲蓬上的黑色、衬布上的黑色块和线条等；三是要考虑到在低龄儿童写实基础不是很扎实的情况下引导他们先凭直觉感受画出大的对比关系，然后针对每个学生的画面提出意见与建议，完善画面的节奏和对比关系。

为了让学生知道一幅优秀的作品并不一定要画得像照片一样，艺术的表现应该以个人的观察和感受为主并呈现出多种多样的形式，我们在课堂上欣赏了不同艺术家的静物写生作品。我告诉学生要学会认真观察，相信自己的眼睛，对自己的感受要怀有自信。我想让学生了解：你们的视点和你们要表现的不仅仅是你们所看到的，也是你们所知道的、所想象的和所喜欢的东西，只有这样才能创造出独一无二的作品。

黑格尔曾经说过：“想象力是艺术创作中最杰出的本领，想象力是人类最可贵的能力之一，它比知识更重要。”

布老虎与静物　吴悠　6岁

有向日葵的静物　刘书妍　9岁

可见对想象的激励和培养是非常重要的。造型艺术中的想象包括在构图上进行取舍、重组、叠加；在形象上进行夸张、变形等。超越生活的想象会使画更富有情趣，大胆的超出常理的表现形式会收获意外的惊喜。少儿期的美术创作还是应该更多地保有他们自由的想象，不受固有形象的制约，犹如天马行空，从自己的主观感受出发，在描绘眼前或经验中的事物的同时加进自己的想象。

随着儿童年龄的增长，他们对所观察事物的记忆力增强了，所表现的物象也越来越复杂，越来越接近真实。了解学生的这一成长规律，有助于在教学设计和辅导上选择一些容易让学生总结归纳的造型作为创作的主体。

我在辅导低年级学生创作时，尽量选择一些造型有规律、形式上具有美感的对象，题材要富有情趣。如水鸟、火烈鸟、赛马、舞龙、剃胡须……这些题材中的鸟、龙等造型都有一定的规律性和鲜明的特征，有利于学生归纳和表现。在辅导的时候要求学生发挥想象，抓住造型中具有的形式感因素的同时进行大胆的归纳和概括，充分体现出个人的审美倾向。在高年级的课题设计上，因为学生的观察力和记忆力逐步成熟，已进入写实表现期，在造型上既要求捕捉真实感，也要表达出自身的审美趣味。

了解学生的成长规律，还可以帮助我们在同一课题的教学辅导过程中，针对不同年龄的学生提出不同的要求，并对不同能力的学生给予适当的引导，发现并保护学生的原创性的表现，并将它转化成学生自己的、有个人审美情趣的创作体验。

课题3 节奏

黑白画创作课的教学要打开学生的思路，一个课题要启发学生有不同的表现角度，要鼓励学生从表达自己的感受出发，以挖掘自身的审美表现为前提。

在“水鸟”一课的教学中，我首先是引导学生看视频，观察影片中水鸟的动态和结构，着重引导学生分析、观察水鸟的姿态、羽毛的结构特点，并要求学生灵活运用点、线、面表现水鸟的羽毛的质感，用流畅的线条描绘水鸟的姿态。在深入表现的同时要发挥想象，创造性地组织点、线、面的构成以及画面黑、白、灰的变化，分析鸟与鸟、鸟与水、鸟与石头、鸟与水草是如何在黑、白、灰之间转化和互衬的。鸟是“黑”，水就是白或灰，反之亦然；若是要区分白色的鸟与白的水，线条就显得非常重要了，这时就要看学生处理画面的能力了，可通过写生表现水鸟羽毛的黑白灰关系，让学生初步感受深入刻画细节可以使画面产生丰富的色彩层次，对于水和石头、水草的处理可以自由、概括和简单，主次之间的对比可以增强画面黑白灰色块的节奏之美。

水鸟　张明睿　8岁

水鸟 李鸣昊 8岁

水鸟

课题4 归纳

虽然都市生活使人们的生活环境、生活节奏等变得趋同，但每个个体仍然保有独特的看世界的方式和对世界的体验。要鼓励学生从自己最熟悉的生活环境中寻找创作的内容和灵感，因为画自己熟悉的、擅长的东西才最有可能画出别人看不到、画不出的细节和趣味。在辅导学生创作作品《刮胡须》时，我首先引导学生说说常去的理发馆里有什么，哪些是自己觉得有意思的地方，刮胡子、理发的人是什么样的，哪个细节觉得印象深刻、有意思，如何表现理发馆这样特殊的场所的特点，街头理发在环境上有什么不同，如何表现理发人惬意、舒服的样子，资料主要是帮助学生了解不同人物的姿势、器具，借助对这些资料的观察帮助学生归纳黑、白、灰的对比关系，尤其是器具的细腻刻画，营造出中间灰的丰富性，突出画面的情节。

刮胡须 王昕睿 10岁

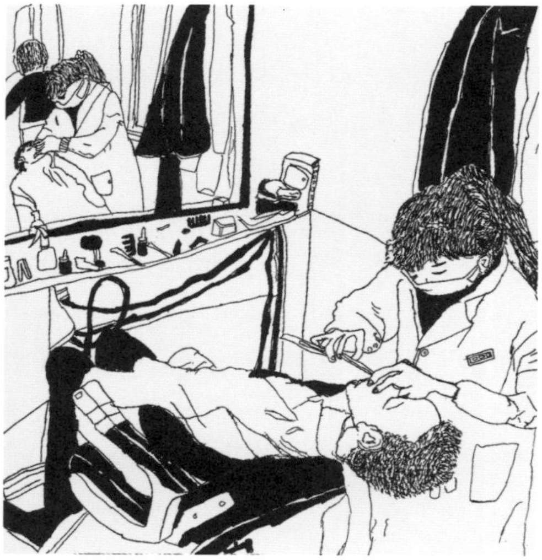

刮胡须 潘奕君 9岁

刮胡须 周雨歆 9岁

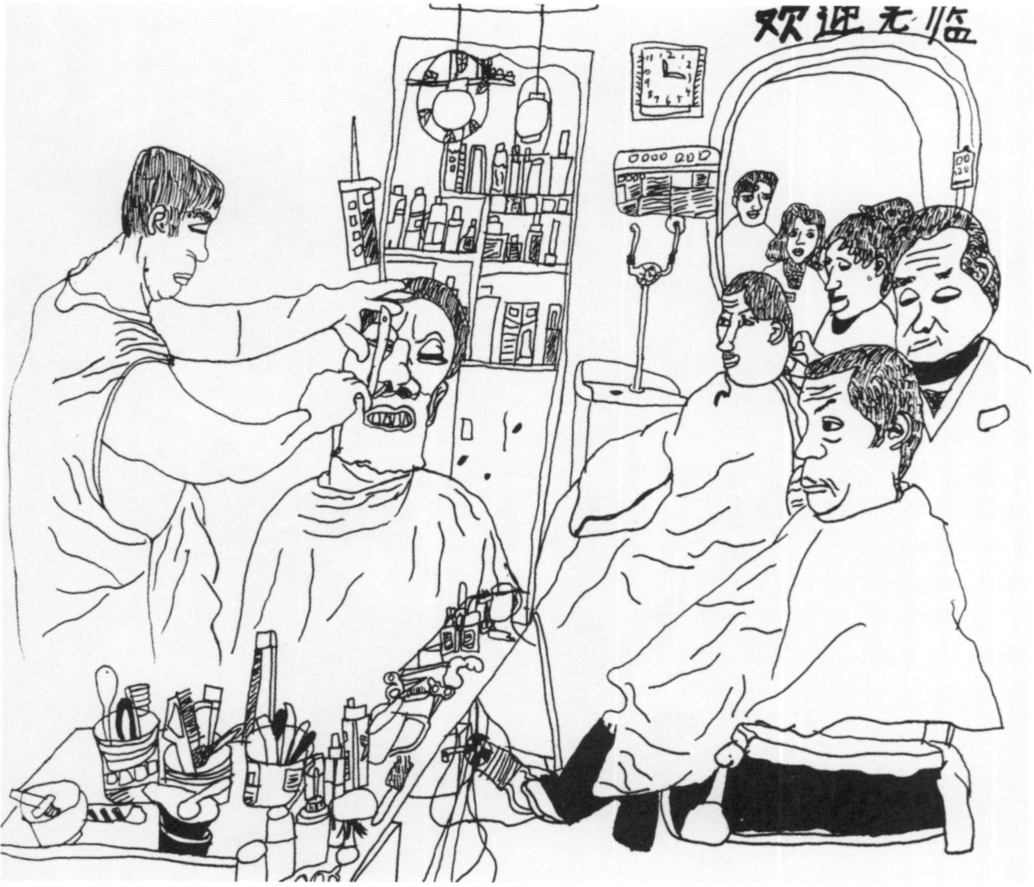

刮胡须 吴思杨 8岁

四、想象之美——创作课

在创作中强调发挥每个学生的想象力，但也不能忽略造型的重要性，不能忘记画写生是培养造型能力的基础。其次创作中情感和意境的表达要源于对生活的观察与感受。教师的目的不光是教会学生写生，以解决基本造型问题，还要进一步扩大学生的视野，激发他们的想象力，启发他们去思考，使他们的造型表现和生活经验变得更加丰富。

课题1 在细节真实基础上的超越

创作需要素材，除了对细节的深入观察，丰富的想象非常重要，它可以天马行空，不拘泥于像与不像。但想象不是凭空乱想出来的，想象同样应该建立在对自己熟悉的、喜欢的事物造型的把握之上。

对动物生活的描绘可以训练学生发散联想的能力，在表现上应注意引导学生夸张表现：把物体放大或缩小，把没有生命的东西画成有生命的，把自己的生活通过动物的生活再现出来。用想象画画，创作出的画越是与众不同，其中的想象就越丰富。

赛马　邓健欣　9岁

借助素材可以帮助学生丰富画面的内容和对情绪情感的刻画，表现个人的审美倾向，并且细节的表现可以烘托主题气氛。

在“赛马”这节课的教学设计上我比较注重发散学生思维，在变通的基础上，以一个点让学生根据不同的角度，从自己的审美、经历、感受出发，用自己的想象和创造进行创作。我启发学生：看到

赛马　周雨歆　9岁

马你会想到什么？马给你的感觉是什么？如果换一个场景的话，马又带给你什么样的不同感受？这次作业完成后呈现出“百花齐放”的景象：有非常写实的赛马场景，有对马奔跑速度的刻画，也有运用想象表现梦境中的马……

赛马　王昕睿　9岁

赛马　朱林泉　9岁

课题2 用情节引导学生注重对情感的表达和抒发

情节性的绘画是由儿童真实的感受引发的，依靠的是审美经验和生活经验的积累，当然还要加上他们自己的想象。不光记录生活中的情景，还要表现出他们对这个场景的瞬间感受，这是比较能表达儿童真情实感和审美的创作。

在“舞龙”一课的创作中，我首先给学生看舞龙的视频，让学生感受舞龙的热烈气氛和龙在舞动时的动态之美，分析对比舞龙人的动态和龙的姿态，人的结构和龙的结构，引导学生分析思考画面黑白灰节奏的处理：作为画面中的主体，舞龙的人、龙、观众、背景谁做画面中的黑？谁做画面中的灰？谁做画面中白的部分？理清思路，在表现上才能胸有成竹。但也要告诉学生，在黑中也要有层次，在灰中也要有黑做对比，这些画面的处理是可以加入创作者的主动参与的，而参与的过程就是发挥想象的过程。

舞龙　邓嫣然　6岁

“舞龙”一课是通过写生进行创作，其最大的特点就是学生的个性得到了充分的表现。因为即使是面对同样的对象，由于不仅仅是凭借记忆画，学生会表现出自己的认识与理解，而且面对具体对象可以不断地观察和认识，提高了学生的观察能力与表现能力。但是，过多地通过写生进行创作很容易造成学生写生能力与想象能力的脱节。由于学生的转移能力和联想能力需要慢慢培养，过分地强调以写生的形式进行创作，学生很难将自己从写生中观察到的细节或情节自如地应用到以想象为主的作品中。所以，在以写生为基础的创作中，既要引导学生对真实的对象进行创作，又要提示他们认真细致地观察和表现，更需要把握如何保持学生自身的特点和大胆想象的能力。这就对教学提出了更高的要求，怎么给学生适合的课题相对显得比较重要。符合学生认知发展的、有一定审美规律的课题，作业的成功率就比较高；反之，相对概念、简单的课题，作业效果就不会很理想。

舞龙　陈桐宇　9岁

五、计白当黑，空白的魅力

绘画中最常用的纸张多为白色，所以我们会自然地以为：黑是图，白是地，黑是实体，白是虚无，黑是存在，白则空幻。其实，黑与白是可以相互转换的，如同日夜的交替。无论是黑还是白，都可以既是图又是地，黑色也可以是“空白”。“有”与“无”的关系也是相互浸润渗化，从而造就一个实中有虚，虚中有实，“有”“无”相生的大千世界。

我国著名艺术家吴作人先生曾说过：要知道画，也要知道不画。我们不可能也没有必要画出看到的一切，不机械、被动地去模仿，要鼓励每个儿童根据自己的感受和理解去积极选择“画与不画”，选择是“图”还是“地”，选择是“黑”还是“白”。选择是引导学生在写生的基础上将写生习作转变为创作的重要契机，选择的过程就是创造的过程。把被动地描摹物象转变为主动地组织画面，让学生通过对画面的处理、主次的选择、背景的添加，使之成为一张完整的作品。我们永远不能低估孩子的想象力，一旦他们的创造潜力被有效地调动起来，就会自然地根据这些不同静物的组合特点进行适当的添加，使构图更加完善，主体与背景的比重与比例关系更加协调。

课题1 黑白的对比

《犀牛》的创作是建立在对近景主体物犀牛的细密的皮肤肌理的刻画上，学生用了非常多的点与线，细致入微地刻画了犀牛不同部位的皮肤上的皱纹的走向，甚至表现了犀牛身体的空间关系。但画面对中景树的表现却简洁而概括，黑色凸显了树干、树枝的姿态，大量的背景空白使画面有了装饰的力度，原本是一幅写实的作品，因为黑、白、灰的高度概括使画面产生了意想不到的效果。

犀牛 曹文博 9岁

狒狒的脸　何静茜　8岁

《狒狒的脸》《观看犀牛》通过深入细致的面部刻画，与空白的背景形成对比，大量的留白使画面的对比度增强，产生了装饰的味道。

观看犀牛　王子瑶　7岁

课题2 黑白的转换

猫头鹰给人的印象都是黑夜活动，有着很强的黑白转换意味。作为这个意味的延伸，树叶可以是黑色的，也可以是白色的。还有它身上的羽毛，都可以在黑和白、灰之间转换。在这个课题的实施中，我首先带领学生欣赏不同品种的猫头鹰，分析羽毛的特点，要求学生通过观察感受猫头鹰的羽毛留给我们的印象：它是有方向的，还是凌乱的？是有图案的，还是层次分明的？可以用写实的手法表现羽毛的黑白灰节奏，也可以用装饰的点线面表现羽毛。作为黑白画的背景，叶子的处理也是重点，引导学生思考：如何突出画面的主题——猫头鹰？学生大多能在这个环节中找到主次关系的处理方法，即猫头鹰是“黑”的，背景就是白，叶子就是黑，以此类推。学生在创作过程中，出现的问题是猫头鹰画得不够丰满，针对这个问题，我会让学生重新认识线的形式，从中找出适合猫头鹰身体的线条进行比较，选择最佳的线来表现。针对班级中学生年龄的差异，作业也分难易进行，让年龄大一些的学生对不同猫头鹰的羽毛用不同的黑白灰和不同点、线的形式表现，提高了表现的难度，年龄小的学生，可以重复一种形式，但要有大小、宽窄等的变化，使画面产生丰富的效果。

黑白画自身的魅力给我们提供了一个探索的空间，黑白灰的运用可以延伸很多内容，有待于我们进一步研究。

这些课题是我在黑白画教学中的一些教学实验，如何引导学生掌握并运用黑白的转换、对比、并置、渗透、过渡、概括等方法进行创作是一个大课题，需要与大家共同探索，更需要老师与学生的配合。

猫头鹰　童文静　8岁半

猫头鹰　凌溪　7岁

第三节 激活与表现

一、抓住兴趣点，激活表现欲望

生活是平凡的，但周遭的一切无不蕴含着画意，作为老师应善于从司空见惯、熟视无睹的事物中，发现与众不同的美，激活孩子们的表现欲望。

每个孩子都有潜在的艺术灵性，但是需要激发。在教学实践中，我强烈地感觉到课题激趣的重要性，好的课题会引发兴趣，激起孩子强烈的表达欲望，进而形成画面，逐步创作出有“意味”的作品。

线描写生因为工具简单，信手拈来，无需太多准备，能很好地顺应孩子们自由表达的愿望和能力，实践中我们运用得比较多。

1. 从平常的事物中寻找兴趣点

《陌生的阿姨》这幅作品的诞生实属偶然。当时我们正在上课，一位新生家长突然造访，引起孩子们的兴趣，赵静文同学正坐在她脚下，因为仰视的角度和“陌生感”，她笔下的阿姨形神兼备、生动感人。

《夸张的脸》其实是课前孩子们玩的一个游戏。孩子们有时会比着做“鬼脸”，看谁更吓人。我就顺势选了这个课题，老师先来做一个，然后大家轮流做模特，不过要画得快，从最夸张的五官开始画…… 于是就有了这张画。这个课题使孩子们兴趣盎然：敏锐地抓住特征，快速表现，眼手协调，喧闹的课堂顿时静了下来。

陌生的阿姨 赵静文 6岁

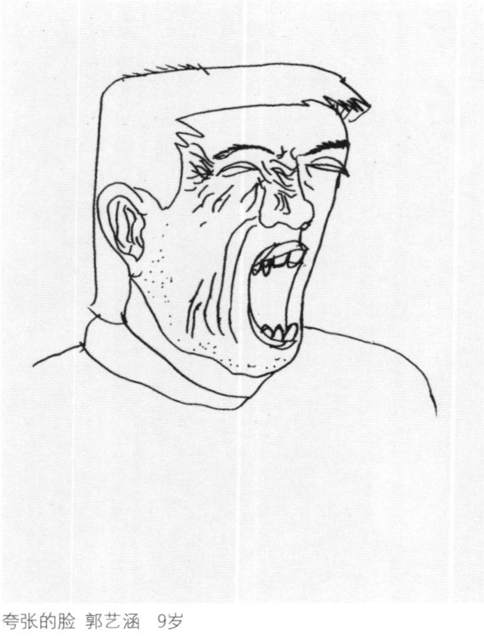

夸张的脸 郭艺涵 9岁

陶依然的这幅《长辫子》实在是有感觉的好作品。记得当时写生课上，我只是提醒同学们可以自由地寻找自己要画的角度，看来作画的小男生对这个女孩的辫子“情有独钟”，当然小脚丫的表现也相当棒。

特殊的日子也会让孩子们有与众不同的感觉。这幅画诞生于“愚人节”那天，本来性格拘谨的女孩儿在这幅画中却肆意夸张了每个人的表情。看，每个人的发式的表现，还有五官……

画《画室里的同学》时正赶上毕业季，难舍难分的同学情！好吧，大家都画张画儿留作纪念，轮流当模特儿。嘘，把旁边的同学也画下来，别让他知道……画面就这样发展出来了。

长辫子　陶依然　9岁

画室里的同学　张雪凝　10岁

画室里的同学　王琪　12岁

2. 从孩子感兴趣的事物中寻找兴趣点

其实有感觉才想去画，去表现。这个激趣点是需要老师用心去找的，犹如一个宝库，需要用钥匙打开。门打开了，剩下的都是孩子自己的事儿了。我或许更喜欢从有趣、轻松和好玩儿的角度（心态）去发现课题，激发孩子画画的兴趣，课前尽量少提要求，至于什么目的目标呀，什么重点难点啦，这些都不提，轻装上阵。每个孩子都有自己的目的，也有自己要解决的问题。但只要敢画，什么问题都能解决，什么目的都能达到。举重若轻的引导方式，留有余地的课堂要求，就会让孩子画起来轻松自然，笔下的东西也会鲜活起来。我不会选择地球呀太空之类的大命题，因为那根本不是孩子熟悉的生活。

画室里装修时留下的木头块儿不经意间散落在画案前，纷纷到来的同学们小心地拿起木头块，有的轻轻触摸木头，有的在随意组合、摆放……好！既然大家感兴趣，今天就画这堆木头块儿。

宋欣芮，一个活泼、俏皮、爱表现的女孩，看看木头块儿背后藏的几只小动物，就知道她的性格。

张凌子用线颇为大胆肯定，木块组合疏密有序，整张画富有节奏美感。

宋欣芮　7岁

张凌子　9岁

小小的“木头块”通常被视为废弃的边角料，但在孩子们手中它却活了起来，有了新的生命！

一天，一个孩子骑一辆新车到画室，沾沾自喜的样子。我问了一下同学们：“谁会骑车？骑车或坐车跟走路有什么不同？”“快——”“心里高兴吗？谁能说一说自行车的部件？”“老师，我说……”好了，请大家用画笔告诉老师。6岁成梓帆的这张画不仅画出了车的动感，还表达了他骑车时高兴的心情。

自行车　成梓帆　6岁

3. 根据孩子的年龄特点寻找兴趣点

时常看到来画画的小朋友，尤其是四五岁的孩子，喜欢东瞅西看的，摸摸这儿，摸摸那儿，对一切充满了好奇。有时随行的家长会大声呵斥“不能动”，但仍然阻止不了孩子探索的欲望。倒是年龄越大的孩子（五、六年级）来到画室，眼中少了灵动与好奇，更多的是木讷呆板的表情。是理性的知识还是繁重的学业把孩子压成这样的？什么东西能激活他们，让他们有感觉、有想法？此时，课题的设计就显得很重要了。

《几何体的变形》就是在一个特殊的日子里来的灵感，那天是“惊蛰”，看着眼前一堆“死气沉沉”的块块面面，真想让它们“活”起来，伸伸腰、变变大小，或者干脆飞起来……

其实画什么都行，重要的是要有感觉，要有表达的愿望和心情，主动地表达与被动地完成是不同的。主动地表达是自我内在真情实感的流露，而被动地完成是应付老师布置的作业。两者之间画面的气息是不同的。

画生活，就会有无穷无尽的课题；爱生活，就会画得美，画得生动，有活力，令画者开心，观者感动。这可能是课题设计最大的秘密了。

几何体的变形 陈天霖 13岁

二 、教学实践中的几点感悟

1. 用写生的方式，培养良好的艺术感觉，并以这种方式贯穿教学的始终，不主张过分依赖图片。写生既是观察，又是感受，也是创作，现场感很重要。

2. 写生工具建议用水笔，铅笔易让孩子擦来擦去，养成胆小的习惯。

3. 画纸无特殊要求，一般用双胶纸，因为是写生，不宜过大，2小时内可画完，多选择4开或8开大小，有时也会选择颜色浅些的有色纸。

4. 在画的过程中，用笔像写字一样，一笔一笔去画，别怕画错。即使错了，也可以“将错就错”，要告诉孩子“错线”也是画的一部分。另外可欣赏大师的作品，找一找所谓的“错线”。不能先用铅笔打稿后再描，毛毛糙糙的碎线、断线既是心理问题，也是技术问题，画画不是描图，只要敢画就会越画越好。

5. 画面是从局部发展出来的，不建议一开始就“构图”，可从最想画的地方入手，不断发展画面，最后形成多样的画面形式。这个过程既能让孩子放松，直抒胸臆，又能培养孩子敏锐的感觉。

其实，构图能力是需要用“过程”来培养的，不宜一开始画画就用“概念”来“框住”孩子。我们有时也会在教学过程中，或者最后的评价环节，用“后构图”的方式帮助孩子体会画面构成的形式美感。分享画面中的节奏、韵律、平衡、疏密等形式美感规律，潜移默化地让学生形成内在的自觉表现。如画家陈丹青的速写本就是“后构图”，就像今天的数码相机拍完图像可以再次剪裁编辑。

6. 在课堂上教师应保持“敏锐”的状态，随着作业的进程，不断地发现每个人的“亮点”，不断地去捕捉“意料之外”的好东西，及时给予个性化的引导。

7. 画的落款和命名也是重要的一环，需选择合适、有趣的位置，以免破坏画面。作品的命名可以使表现的主题升华，强化孩子的艺术感觉。

8. 画面的组织过程是可以移花接木、东拼西凑的，除了要求观察、比较，还须提炼，不主张用“波浪线”“电话线”之类的去装饰画面，这种方式容易让孩子的画陷入概念化的图形，少了鲜活，慢慢没了感觉。

眼镜快掉了的老师　魏天奕　8岁

课例1 画老师

人物写生是最为常态的课，老师是最好的模特儿。老师对于学生来说是课堂里最亲近也是印象最深的人，或许是一个眼神、一副严肃的表情、蓬松的发型……总有突出的特征吸引着孩子们。拿起画笔，从“老师”最有趣的地方开始画，去表现对老师的情感就好。

《眼镜快掉了的老师》是魏天奕小朋友的画：单手扶腿，斜挎小包，嘴巴抿起，抬头张望，眼镜从鼻尖快要滑落……老师的神态在她笔下表现得惟妙惟肖。魏天奕在美林画室学画四年时间了，性格内向的她，一画画就来劲了，真是一个外表冷、内心热爱绘画的女孩。

严肃的老师　王绎然　8岁

《严肃的老师》这幅作品，把老师卷曲的头发、翻卷的衣领、手的细节，尤其眉头上的一颗痣都画了出来，最重要的是那个严肃的劲儿，表现得很到位。王绎然学画三年，活泼开朗，阳光自信，画画时那双专注的眼神，给人留下很深的印象。这与他父母亲的鼓励有很大关系，因为每次课后赏评时都能看到他父母满足的笑容。一家人其乐融融，那是多美的画面！

平时课堂指导时，我常常说反话：老师可是个大胖子，圆圆的脸，大大的嘴……孩子们偷偷地笑，不知不觉中人物的特点就抓住了。教学中千万别强调所谓的专业的比例问题，那是理性的技能训练。另外，纸张以4开为宜，用水笔，不要用铅笔，免得擦来擦去。

有了观察的意识，离开画室孩子也能画出好作品。卫一宁这张《看书的爸爸》是他在家画的。他的爸爸妈妈都是老师，在家也经常鼓励他画画，良好的家庭氛围成就了这张好作品！受孩子的影响，他的爸爸也开始涂鸦了。嘻嘻！

看书的爸爸　卫一宁

课例2 画室里的同学

孩子们在画室慢慢成了好朋友，这样的友谊也是童年难得的记忆。小学毕业季，我突发奇想，让他们画自己的同学，每个人的观察都带有了自己的情感，作业没有要求如何安排画面人物，有坐着的、侧着的、背面的，根据人物的数量慢慢添加，形成自然的空间关系。在孩子们的笔下，有认真低头画画的同学、专注当模特的同学，画室的气氛跃然纸上！

孙国钰如今已经是中国美院油画系的学生了。从这张画中，我们还能感受到他的灵性。

孙国钰 9岁

秦诚　9岁

这幅画中，极具个性的线，画意十足。秦诚同学一直练习钢琴，后来考上了医学院。

崔起 9岁

崔起是个空间感特好的孩子。记得当时他家买了新房，他爸爸跟我说装修的事，描述了半天我也没整明白，结果他在旁边拿了张纸，三下五除二画好了平面图，还对自己的房间设计了一番，老爸自叹不如。

张雅昕　9岁

张雅昕是个绘画感觉极好的女孩，记得每次都是爸爸骑摩托车送她来画室，很少缺课，学习成绩也很棒。

王一绚爱说爱笑，性格开朗，妈妈的不断支持和自己的喜爱让她在画室学画七年。学校的文化课负担很重，让她很疲惫，但她能在画中自由大胆地表达，释放自己。这张画用线轻松自如，用形状概括，没有了紧张感，特别地放松。真好！

王一绚 10岁

程子瑄的画里透露着沉稳和宁静，值得我们细细品味。

程子瑄 11岁

课例3 画大也“疯狂”

一次，我突然想到，老是画小的画儿（A4），要是来张对开的会是什么感觉。会吓到小朋友（刚上一年级）吗？结果没有一个孩子害怕。用小纸的时候有些同学把画画得很小，换大纸了，反倒没有一幅画构图偏小，感觉全出来了，线条的肯定、干脆、大气，反倒吓到了我这个“出难题”的老师。

其中王麒润同学画得最快、最爽，画完一张，他意犹未尽，要求再来一张。这或许就是成就感所产生的力量吧，着实让我感受了画大画儿的疯狂！

王麒润　7岁

鲍星翰　7岁

樊一玮　7岁

王麒润　7岁

鲍星翰，7岁半。这幅画中，老师严肃的眼神体现得非常到位，人物身体与椅子靠背的疏密处理得非常好。

樊一玮，7岁。这幅画中不太舒服的侧面脸部表达，恰巧体现了孩子的认真观察。

这次课是用油画棒画在对开牛皮纸上的，大画板在画室里竖了一片，模特坐在画室中间，很是气派。

课例4 由手想到的

手的课例很多，可以画数字手，拿东西的手……但这次课更强调手握紧或张开的感觉。

许家绮 11岁

这幅画画面中的手是一个托着巨大城堡的有力量的手，手指的弯曲很好地表现了这一点。现实中城堡的大、手的小是一对矛盾，而流汗的手具有拟人化的效果。

贾体轩 10岁

学画六年，痴迷于飞机大炮、战争的场面，手既是一把枪的感觉，也是士兵们的战壕，更是一个新式武器，可以承载船、飞机……这或许就是一个男孩的世界！

与贾体轩不同，李以宁喜欢船，画面中手与船身完美结合，挺平和的画面！

李以宁　10岁

王一策是一个文静的小姑娘，在她的画中，手好似一个热气球，成了孩子的玩具。孩子们都有想飞的梦。

王一策　10岁

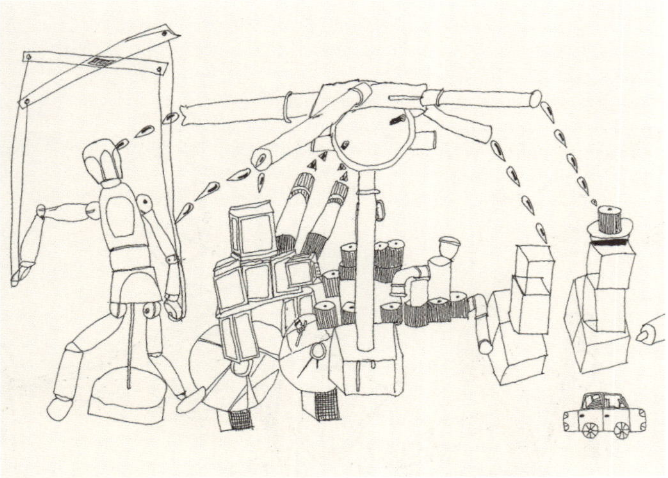

玩具的游戏　盛晗怡　8岁

课例5 做一做 画一画

画室连续上了一段木头手工课。课前孩子们总要把玩一下自己的手工作品。《玩具的游戏》是盛晗怡课前20多分钟画的。她也喜欢那些手工作品，找了自己喜欢的几个物件构成了画面，用画笔抒发自己的情感。

下面两幅画是立体构成课之后的创意写生。先做一做，再画一画，对空间有了感知，再用绘画的方式表现出来，结合手的写生，大大提高了画面的空间感和趣味性。

陈博雅 11岁

许家绮　11岁

课例6 画案上的风景

生活中值得我们去画的物品太多太多，而适合孩子的题材只是他们身边的物品，不起眼但却实实在在地陪伴着他们。在画画的孩子眼中，画案上各种各样的笔、胶棒、油画刮刀、剪刀……都是平实、具有美感的物件，把它们组合起来构建的画面是那么地和谐、亲近！静物不静，孩子们画的物体都有动作、有语言，像他们自己养的宠物一样。单张是画儿，很美，四联组合看更美。这就是一群爱绘画的孩子的感觉。爱画画，也爱画画的工具。

《身边的即是最美的》

画面中黑色块跳跃着，很有意思。

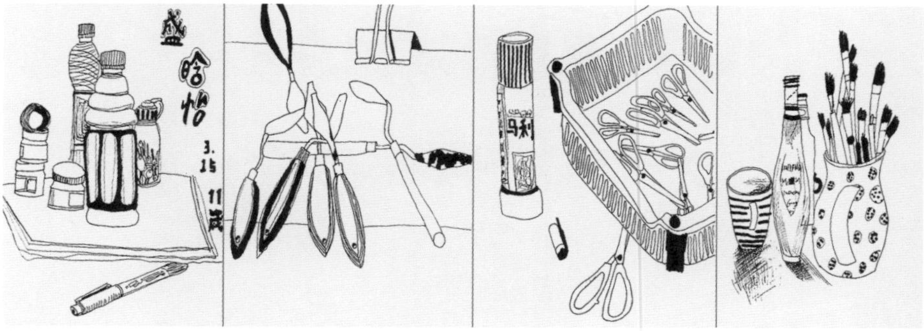

盛晗怡 11岁

从不同的观察角度：平视 、俯视，找最有感觉的角度去画！

马兰迪 9岁

既画看到的又画想到的，妙趣横生。

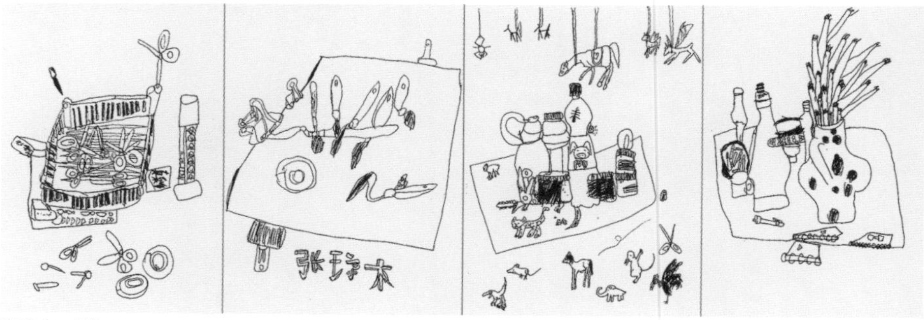

张琼木 9岁

邓致远是个很沉稳的男孩。从他的画里也透露出这一点，那些细小的螺丝钉的刻画尤为精彩。

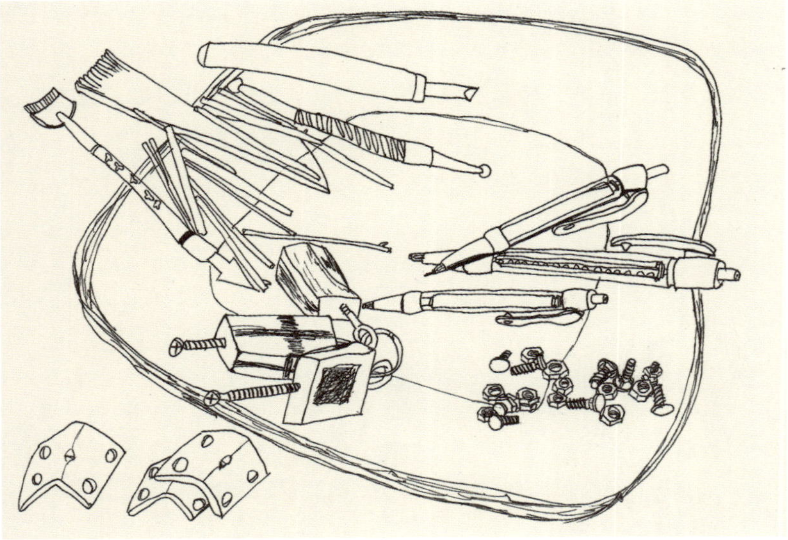

邓致远　11岁

洪果，10岁，学画六年，一直是个各方面都很好的女孩。在她的画面中文具像是从盒子里散落出来一样，表现出自然、宁静的美。

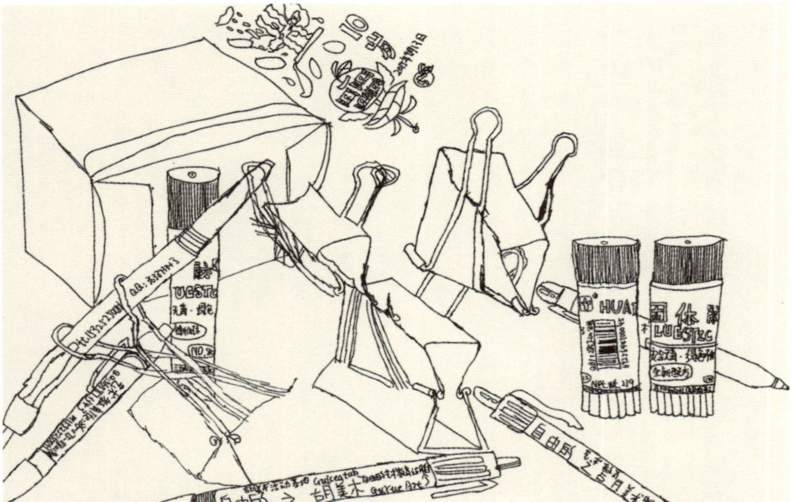

洪果　10岁

李依凝，10岁，学画半年，很有自信。这幅画画面表现十分丰富、细腻，中间的大盘子很重要，使得画面有了聚散关系。

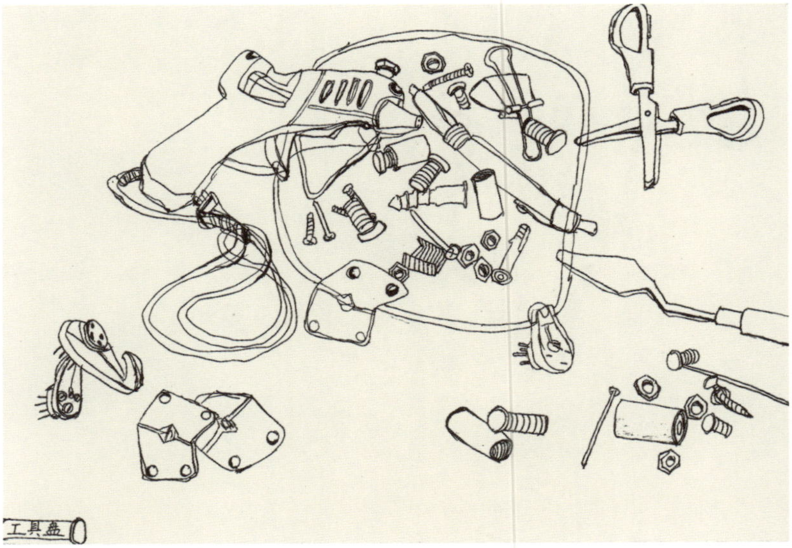

李依凝　10岁

夏茗歆，11岁，学画也有七年，一个很内敛的女孩，但画得大气、轻松，画面中物体的表现，大小、聚散排列有致，让人能安静地沉浸在画的世界里……

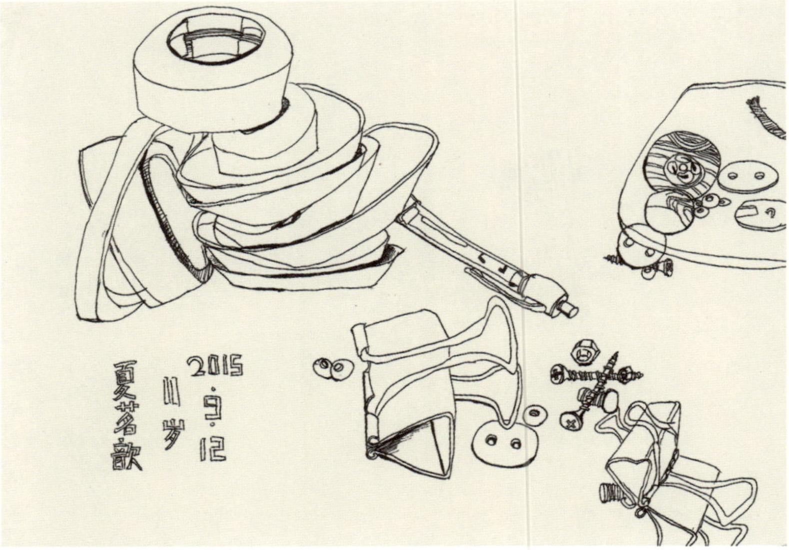

夏茗歆　11岁

人们习惯对身边的东西熟视无睹，但是静下心来画一画就会有别样的感觉。这幅画中小物件形成的聚散关系、大小节奏，使每个小东西似乎都灵动起来。

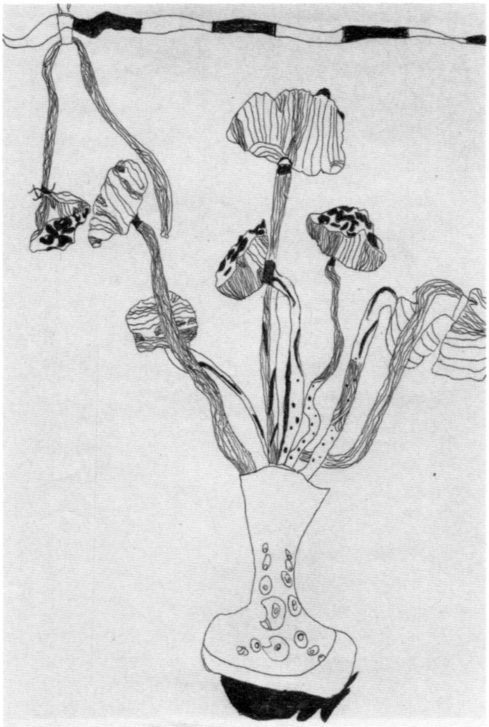

郭宸菲　6岁

课例7 荷塘里的舞者

荷塘边有许多卖莲蓬的商家，买回了一大束。要告诉孩子每一枝莲蓬都是有生命的，没有一枝是相同的。在舒缓的音乐中，画面流淌了出来。

四开的牛皮纸，灰灰的暖色，感觉很舒服。

看得出，每张画都有孩子的个性。这点很重要！

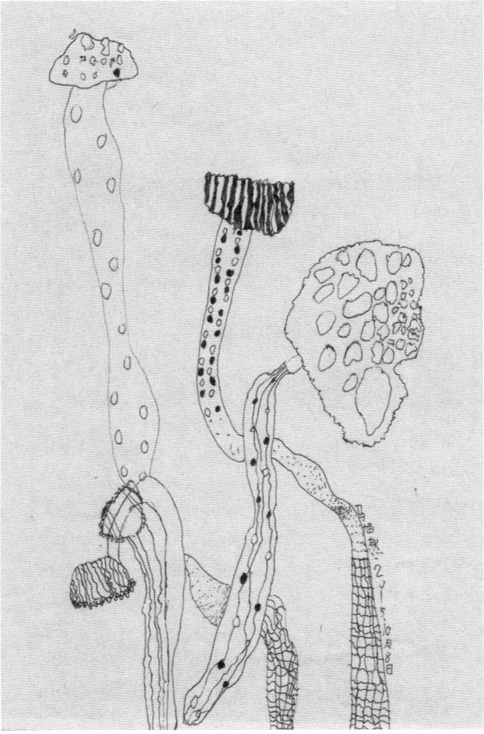

马旭然　6岁

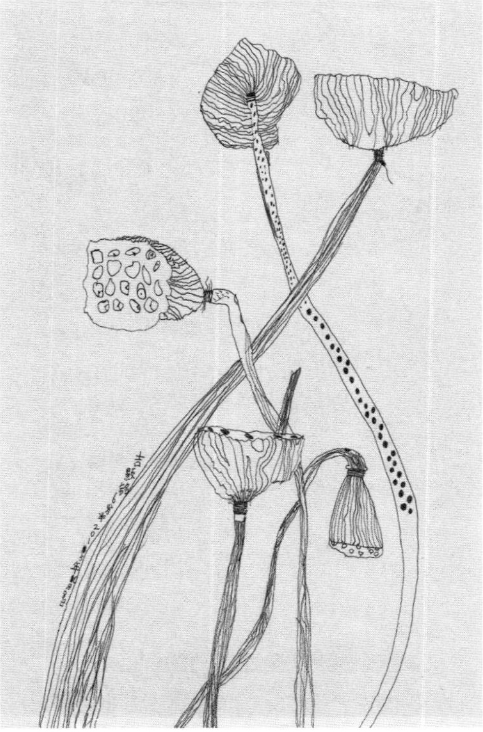

吉颢铭　6岁

课例8 镜子里的“穿越”

这是个有趣的命题，一面镜子成为了道具，镜子本来的现实意义是反射物象，可绘画的想象力赋予了它超能力，可以“穿越”到过去、未来，可以链接一个新的空间，把一些感觉通过自己的想象组合起来，诠释一个有趣的画面。

穿过镜子的手偶，穿过镜子的公路带出了通往现代的路，一切不太可能实现的遐想，孩子们用画笔勾勒了出来。

韩尚卿 10岁

刘天泽 12岁

齐云依　12岁

古代的船穿过镜子，用木偶手链接现代的食物汉堡，画出了古今的变化。巧妙的“替换”产生了意想不到的感觉，一张有冲击力的画面！

课例9 卢梭森林里的老师

这是向大师学习的一个课例。在卢梭的画里，动物和人是平等的，他的森林宁静而神秘，如童话世界。我要求大家先把老师画下来，让老师住在卢梭的森林里。课堂上，我们要求是先写生老师，然后提供了很多卢梭作品的图片，供大家自由选择临摹，完成画面。临摹是绘画学习的重要方式，但是结合写生会有更精彩的呈现。

张令飞 7岁半

张令飞是个有主见的男孩子，不太喜欢听取别人的意见。他的画面中拙朴的线条恰恰表现了小作者的性格。画老师，不情愿，但到吸取卢梭画面作为背景的时候，却表现出了强烈的兴趣。当讲到卢梭森林里可以藏好多秘密的时候，他激动地将乌鸦、蛇、蚂蚁这些男孩子喜欢的动物全画了进去。再看看画中人物的表情，置身这样的森林，想来也是害怕呀！

蒋励的作品里忧伤的眼神和头发的处理或许是这幅画最有魅力的地方。你看，你听……有意思!

蒋励　8岁半

崔紫妍的作品中画面的疏密安排、人物的恬静气质，使得画面的视觉感非常美，富有韵律和节奏。

崔紫妍 8岁

课例10 丢勒的手里拿了什么

名画赏析是高年级艺术学习的重要内容，如果仅仅是临摹，就没有太大意思。换个角度，把自己的理解画进去就不一样了。我提了一个小小的设问：丢勒画的手里拿了什么？这个问题让孩子们的脑洞大开，有了与大师交流的另一种方式。拿书的手变成了山体，兔子可以站在食指上，巨大的手压住了自行车……好有趣的画面！仅仅添加了一点点东西，却诠释了不同的感受。

贾体轩 9岁

马兰迪 8岁

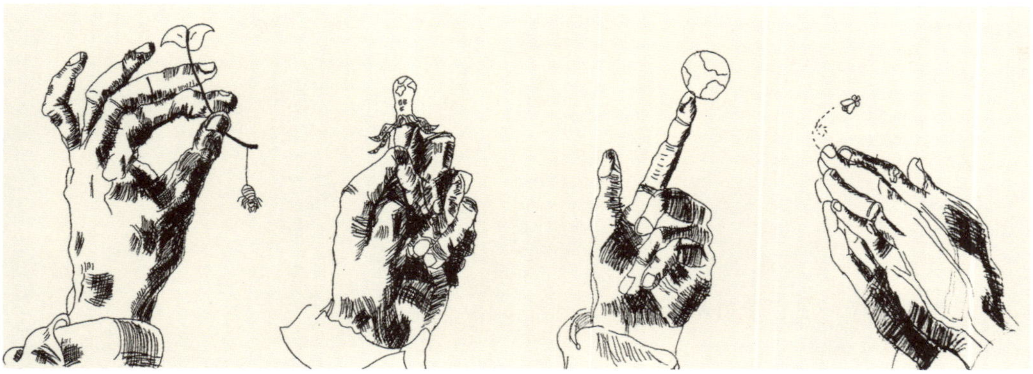

卫一宁 10岁

三、尝试新方法

有了写生的练习，孩子的感受力和表现能力会很强，尝试不同的绘画材料和方式成为必然。比如剪纸、水墨、油画、版画、泥塑等，这将极大地激发孩子的学习兴趣和表现欲望。

1. 异形剪纸——有花的静物

其实剪纸是一种传统的民间艺术形态，形式大多是对称剪，如何突破一下？我慢慢发现剪纸考验的是概括能力和应变能力，高年级的学生可尝试理性地用形状去概括归纳物体，化繁为简。教学中可先在红纸上画写生，然后再剪。剪刀如笔，归纳概括，边剪边看。

郜紫琦的作品大的对比关系、疏密处理有度，使点状的花枝成为视觉中心。

刘雨涵的画面略显均衡，枝枝杈杈的花打破了画面的平衡。

殷杭的作品中大块的概括，简练直接，很有气势。

毛裕炜的作品上疏下密，上部如果没有那两条线画面会往下掉。

郜紫琦 11岁

刘雨涵 11岁

殷杭 11岁

毛裕炜 11岁

2. 素描——几何体的变形

这是素描写生之后的延展课例，是画在速写本上的，所以像草图，很放松。

课前导入，我是这么说的：几何体素描似乎是绕不开的课题，但我真的不喜欢它的呆板、严肃、毫无生机、死气沉沉。同学们，你能让它们活起来吗？变大或变小、裂开、飞起来……最后，别忘了给自己的画起个名字。

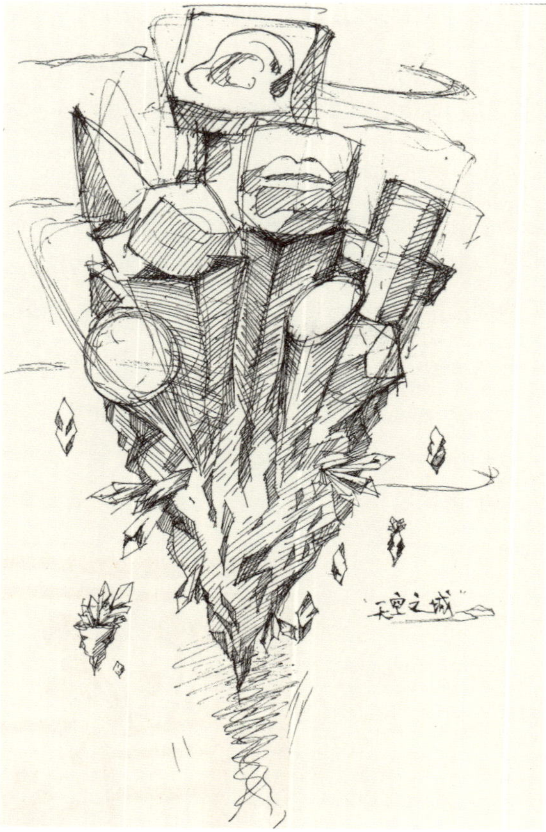

天空之城　焦诗郁　12岁

战损　樊源卿 12岁

异世界　杨相森　11岁

飞来横祸　张钰唯　10岁

3. 脱胶版画——唐韵

洛阳是个十三朝古都，孩子们有更多的机会感受到古代文明。许多文物经过历史的洗礼和时光的雕琢，出现龟裂和脱落现象，散发着特有的韵味儿。脱胶版画制作的特殊肌理和色彩，很好地暗合了洛阳唐三彩和陶罐的特点。

黄馨萌 10岁

脱胶版画是综合绘画，大致分为封边、起形、上色、做效果、刮刻线面、冲洗等步骤。这个课有很强的技法要求，需要专业老师指导，但课题的选择使形式和内容统一起来，很好地诠释了这些作品。

薛倪 10岁

隋子昂 10岁

本节课例执教：郭宝林　李丹　牛静　侯寅泽等

第四章

继承与创新

第四章　继承与创新

第一节　儿童生活中的现当代艺术语境

21世纪初叶是一个科技高度发展、世界文化空前交融的时代，纷繁复杂的艺术点点滴滴地渗透进人们的生活中，对儿童美术教育也产生着潜移默化的影响。与儿童在一起的教学活动中，我一方面被这个五光十色的世界吸引，感叹世界的复杂多样，另一方面，儿童特有的能量也令我自叹不如。世界、儿童与我之间的信息反馈成为我挖掘多种题材，设计新课题的动力。

如何建立儿童生活与现当代艺术语境之间新的平衡关系？我们主张在继承传统绘画艺术的知识技能学习与体验现当代艺术创作的开放精神和实验立场之间，在人类审美意识的永恒性和坚固性与多元视角之间寻找这种平衡关系，探讨打开儿童与更多的现当代艺术进行交融的新视角，以现当代艺术语境下建立多元文化的客观需要来指导和评价儿童美术绘画创作及教学。紧密结合现当代艺术语境与儿童生活的共性来设计课程，启发儿童的创意思维。使儿童的绘画作品不仅体现儿童心理，反映一定的思想内涵，更体现时代精神。

一 、源于生活，高于生活的艺术

《庄子·知北游》曰：天地有大美而不言。天地大美为自然之道，为大和之境，人唯有带着虔诚之心，回归彻底的真与朴，才能感受宇宙包容万物之美。中国南方的梯田依山而成，有曲线的迂回婉转之美，有色彩的丰富变换之美，有植物的疏密节奏之美，因此吸引了大量摄影爱好者拍摄了无数美图。这些摄影作品的美和日夜劳作其中的农民眼中的景是不一样的，经过考究构图，改变视角，云雾雨雪等抓拍，将梯田的美再现得纯粹而极致，这个提炼美的过程恰恰体现了艺术源于生活而高于生活的道理。10岁以上的儿童通过欣赏图片，可以充分感受到梯田的各种美感。通过观看视频，了解蓄水引水的智慧、插秧耕作的辛苦。因此看他们的创作，虽然各人笔下的线条韵味不同，却都表现了梯田的构成韵律，跃然纸上的流动性不仅反映了自然之美，点缀其中的树、人、牛、狗、鸟又增添了活泼的生活细节。

林昊田小朋友的画重点刻画了山脊上的梯田，种类丰富的农作物与树林构成了黑白色块对比，直升机盘旋在天空，体现出田园牧歌式的安逸。

强衡夏的画像一曲流动舒缓的轻音乐，轻柔的线条与笔触表现出世外桃源的淳朴与秀美。

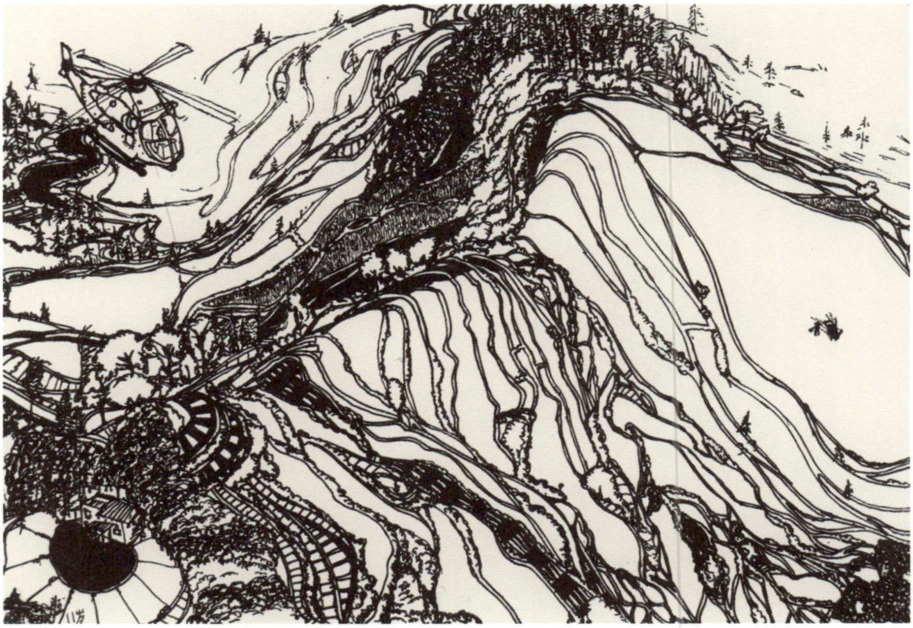

林昊田　11岁

强衡夏　12岁

下面这幅画重构了梯田的组成要素，将梵高的升腾卷云融入梯田，重点表现了云合景从的意境。

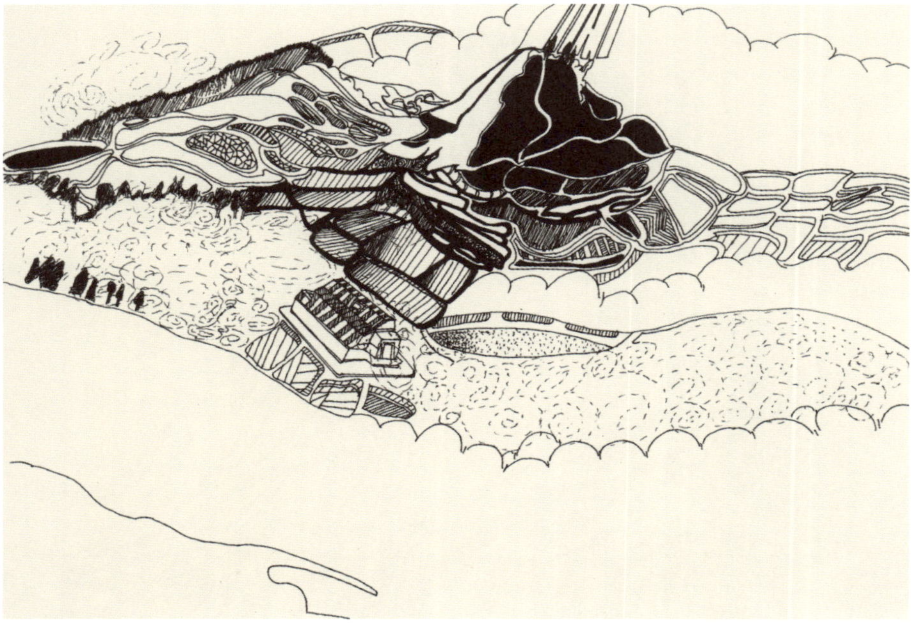

许敬一　11岁

下面这幅画中，笔法多变的灰表现了梯田的韵律和节奏，一定的留白反映了这个年龄段初具的斟酌。

袁永欣　10岁

美国佛罗里达州迈阿密海滩上五颜六色的救生员小屋非常有名，这些小屋是海滩救生员的办公室、器材室与瞭望台。网上有很多照片，但法国摄影师Leo Caillard镜头下的这些小屋只拍摄了一个面，趣味简单，具有单纯的形式美感与色彩冲击。亲子班的幼儿对基本形已经有了一定的认识，他们通过欣赏图片，基本可以画出房顶、墙壁、扶手来，还能通过楼梯、围墙、木桩来表现底层的架空结构，并添加了旗杆、旗帜、喇叭、躺椅、救生圈等设施。

这幅画中小男孩钟情冷色，一队鸟群之下歪歪扭扭的小屋十分抢眼。

卫景恒 4岁

下面这幅画小女孩喜欢的糖果色组合强烈、热情，凭直觉安排了小屋与海滩的位置关系。

马家艺 4岁半

自然中的美层出不穷，儿童依靠真实感受进行的艺术创作也说明了艺术源于生活而高于生活。教学中借鉴各种现当代艺术让此地的儿童看到了彼处的生活，让此刻的儿童倾听着彼时艺术的回声，无论是梯田的迂回曲折，还是救生员小屋的简洁单纯，儿童绘画作品中的美感说明艺术再怎样变化异常，对审美的回归仍是当代艺术的总趋势，最单纯、最简单的形式美感总是令人击节叹赏。

二、用现当代艺术形式开拓儿童视野，培养艺术素养

现当代艺术，种类繁多、流派纷呈，我们必须选择个性鲜明、符合儿童心智、紧密关联儿童生活的内容进行教学，才能够迅速激起儿童的创作冲动，提高绘画兴趣。

1. 著名艺术流派及艺术大师作品的启示

观赏著名艺术流派及艺术大师的作品是艺术学习过程中的必要环节，能开阔艺术眼界，提高艺术修养，丰富知识储备，对于儿童进行绘画创作具有重要的启示意义。

一战结束之时，人们尤其是艺术家们追求不存在的梦幻，以脱离现实的悲哀与残酷，于是超现实主义占据了当时艺术发展的主导地位。超现实主义深刻地影响着欧美的艺术运动，不仅左右着绘画艺术的发展，也波及到小说、电影、戏剧和诗歌等诸多方面。在以超现实主义绘画为课题的教学环节里，我们重点向儿童介绍20世纪比利时最杰出的画家马格利特的创作方法。这位杰出的形象发明家具有把相关的或毫不相干的物品结合在一起，赋予平常物体崭新寓意的能力。他的绘画作品都是知识和感受融为一体的新发现，这种视觉上的谜在人屏息以对时常会产生飘浮的诗意。全球最大的搜索引擎Google曾于2008年11月21日在首页logo中加入他的作品元素图片来纪念他的生日。

强衡夏　12岁

这幅画描绘的是一只倒置飘浮的纸杯，杯底草坪上的住宅前和杯身上破口处都有水流下化成了云，靠近杯口那个很小的扔垃圾图标，暗喻着家园与环境的脆弱性。

这是一幅令人感到兴奋的黑色幽默画。子弹出壳的瞬间，枪身弯转，我们会问子弹是怎样出来的，轨迹又会是怎样的。我们处于一种企图找出“芝麻开门”密码的过程之中。

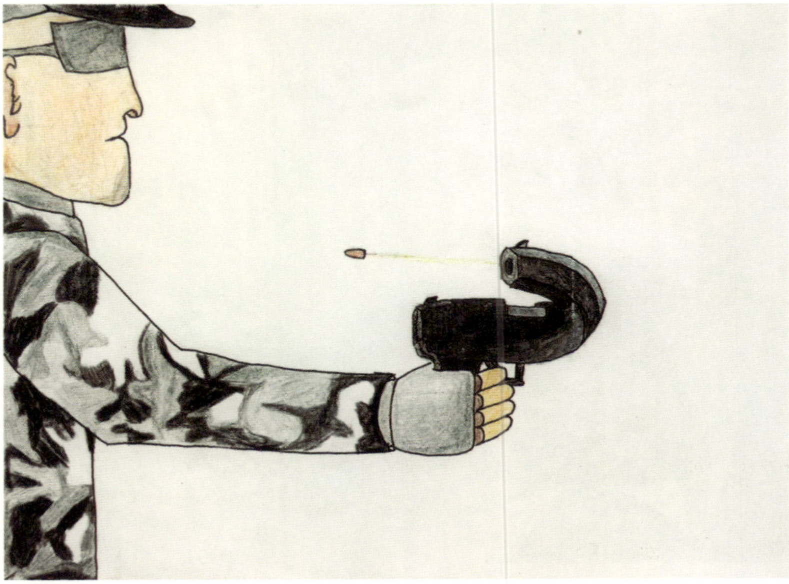

韩坤　13岁

这个相机镜头内画了一堆篝火，相机机身上加了个正在冒烟的烟囱，镜头内外，景镜结合，理性的构思转化成有趣的天真。

白小烨　10岁

毛婉晨　13岁

旋转木马源于19世纪初欧洲的木马摇椅，后来有人把木马椅用木架托起来，围成圆圈，用真的小马或是真人拉动。随着瓦特蒸汽机的普及，旋转木马改用蒸汽机做心脏。到19世纪60年代欧洲移民不断涌入北美大陆，美国人被绚烂多姿的欧洲文化深深地打动，以致全美大陆旋转木马主题乐园遍地开花。旋转木马的含义，是追逐无法触及的距离。

毛婉晨的这幅画中，木马和人做了置换，人变成傀儡固定在旋转平台上，木马自由了。有生命的木马是作者对自由的一种向往。

张上青　9岁

张上青的这幅画运用置换材质的手法，设计了一只有圆鼓鼓的身体、四肢和尾巴的充气马，一个纸飞机吊着马和人飘在半空，轻的质感带动观者的心绪也随之飘荡起来。

下面这幅画运用马格利特的常用手法，将木马放在草原上，它僵硬的两只前腿正跨过一道门。我们不禁要问：它会到达另外一个空间吗？

周宜青　10岁

亨德尔•瓦塞尔是与席勒、克里姆特齐名的奥地利著名艺术家，集画家、建筑师和设计师于一身。他一生排斥直线和刻板，厌恶对称和规则，痴迷螺旋体和螺旋运动，创造了别具一格的装饰艺术风格：抽象的如梦境一般的画面，明亮艳丽的色彩，令观者仿佛进入了记忆里的童话世界，有时近乎天真幼稚，有时又给人离经叛道的疯狂之感。“童趣”是亨德尔•瓦塞尔的建筑特色，不重样、不规则的窗户如在建筑中“跳舞”。

这幅画把哈雷摩托和骑手分解，靠层层的同心圆把这些细碎的元素集合在画面中心，绿色的脸谱布局在视觉中心，传达出一种神秘感。作者在线条的形式感上做了一些尝试。

韩坤　13岁

毛思羽 7岁

毛思羽的这幅画中天空由流动的线和五官组成，重复的树增加了秩序美，冷色的建筑与暖色的天空形成对比。作者消化了亨德尔•瓦塞尔的曲线，创作受到了大师风格的影响。

上述三个课题中超现实主义画派、马格利特的作品、亨德尔•瓦塞尔作品的教学引入，不仅使儿童了解到著名艺术流派及艺术大师的代表作，受到艺术素养的熏陶，感受到经典作品流芳百世的魅力，同时把生活中的具体现象和个人感受表现在创作里，创作出密切联系现实生活，反映当代艺术语境的作品，这也是我们一起向艺术大师们致敬的礼物。

2. 结合娱乐精神和诙谐效果，借助与流行文化元素紧密关联的艺术形式

3D街头绘画艺术由美国艺术家Kurt Wenner于1984年开创。他用一种全新的方式演绎文艺复兴时期的经典艺术，作品充满了意大利古典主义的基调，对现代生活情怀的容纳使其作品更加富有写实与理想的意境。时至今日，3D画已经发展成为一种成熟的艺术表现形式。它秉承后现代绘画理念，诞生于西方大众文化的语境中，创意无限，效果以假乱真。2005年，3D画被引入中国。2008年我在朋友的广告公司看到一些作品，次年设计了假3D课程。我们在纸上作画，再拍摄到一个具体场景里。

右上这幅画中，作者面对一头破墙而出的恐龙大声尖叫起来，她被自己的作品吓得迈不开逃跑的脚步。

右中这幅画中，有两块方形的古生物化石，尽管我们可以发觉它们的光源是矛盾的，但是看起来作者正在从灰色的地面上准备拿起这两块化石。

右下这幅画表面看是个恶作剧，浑身是刺的仙人掌放在电脑椅上。这样的椅子还有什么功能性可言？其实作者是想提醒那些在电脑前的人，不可久坐。

3D画迅速吸引了儿童的参与，激发了他们的创作激情。面对相机的表演，儿童快乐尽兴地创作了一回。再加上电脑软件的后期处理，整个过程的循序渐进，让儿童明白了艺术与设计相辅相成的关系。这个主题的课程意义不是简单地了解3D画，而是满足儿童探求一种艺术形式的好奇心，获得一定的成就感，更重要的是快乐感觉的延续。近几年3D画发展的形式越来越丰富，对于这批已近成人的学生来说，此次试验成功的印象是一颗记忆的种子，心海里曾经的嬉戏之地。

辛雨　10岁

李博翰　11岁

张口笑　11岁

3. 接触装置艺术，接纳现当代艺术丰富的表现形式

“艺术阶梯”这个课题来自一名学生家长转给我的微信。我们都知道阶梯的立面和平面，随着观察者视角的改变可以构成完整的画面，我在国外旅行时，经常看到这平淡无奇的公共设施被作为艺术载体后却变得赏心悦目起来。艺术家在立面上彩绘、镶嵌图案，或者利用植物拼图，或者加入装置材料，将它们变成充满活力和感情的艺术世界，法国艺术家JR更曾借助这个发声平台向世界表明反恐、反暴力的态度。

陶泊睿 4岁

这幅画中，孩子还不能画出阶梯的立面和平面，我们看到的是他的印象。远处的红顶房子和蓝色的海水把近景弯弯曲曲的阶梯衬托得很突出，蝌蚪人在开心地玩耍。轻松欢快的气氛和符号化形象如实地反映了这名幼儿的情感世界和认知水平。

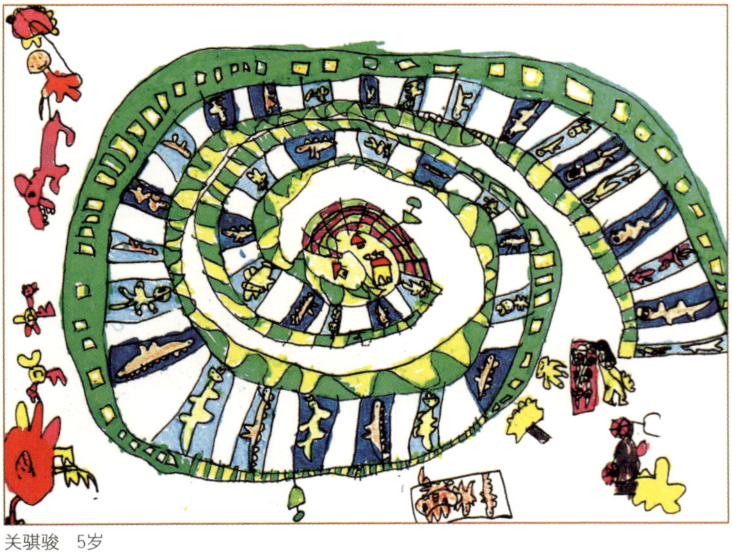

关骐骏 5岁

这幅画描绘了一个螺旋形的阶梯，上面有各种海底动物装饰。冷色的阶梯和暖色的牵狗打伞的人和动物形成强烈的对比，中心的房子与暖色形成呼应。

这幅画描绘了一组通往山上的阶梯。一只狼看着立面的羊却啃食不得，只能仰天长啸。小作者在他的作品里寻找矛盾因素进行创作，除了好玩的效果，东方风格的亭子和安静的环境描绘还传达出一丝禅意。

王露鹏　8岁

这幅画中，作者在阶梯立面画了一个裂开的洞，人走过仿佛能被吸入。作品表现了对空间的思考与探索。

许敬一　12岁

林昊田　12岁

上面这幅画中，作者以俯视的角度设计阶梯平面，阶梯虽然只有色彩的变化，却误导闯入者产生通向外界的错觉。

不同年龄段的儿童在欣赏到这些为城市增添生命力与表明生活态度的艺术品后，用丰富的创意表达了多彩的世界。艺术就是有赋予生活中的寻常之物以非凡能量的魔力。

英国艺术家Banksy名为《羔羊的警报》的装置艺术作品，描绘的是一辆屠宰场货车装满了各种各样的毛绒玩具行驶在纽约的街道上，这些小动物透过车厢的木条向着外面的世界吱吱乱叫……事实上，它们正奔向“黄泉路”。艺术家曾在肉店工作，想表达自己对残酷的食品工业和童真流逝的看法。受他启发我设计了“开往屠宰场的车”的课题，吃肉满足了人的食欲，也让人觉得理所当然，人在吃肉时从来不会想到动物和我们一样贪生怕死。通过对《羔羊的警报》作品的解释，儿童陷入思考：我们饭桌上的肉是怎么来的。

看，这些车上的动物们泪如雨下，大声求助。街上是随处可见的餐厅、肉市，人们对它们的求助置若罔闻，反而欣喜若狂地挥动双臂，毫不掩饰自己的贪婪。

周俏彤　8岁

下面这幅画中，人与动物进行了对调，车上的人再怎么呼喊，街上的动物也完全置之不理，漠然的空气冰冻了一切。

潘奕君　10岁

动物的反击　袁永欣　12岁

这幅作品被命名为《动物的反击》，动物们打开车门，四散而逃，人们被吓得不知所措，也跑开了。我们不禁要问：接下来还会发生什么呢？

林昊田　12岁

这幅画表现的是一个取代了屠宰场货车的自动设备，在现代科技成几何级数发展的背景下，动物们被它直接运到屠宰场，没有任何生的希望。

这些儿童的作品不禁让我们自问：人类是不是很残忍？我们怎么会这么聪明地给自己找到那么多开脱的理由？人性的进化真的永远慢于社会的变迁吗？

上述两个课程把现当代艺术中常见的装置艺术介绍给儿童，“艺术阶梯”在启发儿童的艺术视角和丰富的想象力方面，进行了形式上的试验。“开往屠宰场的车”则让他们从一种最初的茫然渐渐明白艺术家的创作意图，是通过挖掘生活的细枝末节，慢慢具备闻一知二的能力，逐步发现开启现当代艺术之门的密钥，从而进入当代艺术语境的多维空间。

4. 以“大美术”观念引导儿童进行设计

“大美术”观念即指除了绘画，还包括雕塑、工艺、建筑、书法、摄影、广告、电脑美术以及民间美术、公共艺术、中西两大美术系统。“大美术”观念是一种整合的观念，是新世纪对美术知识结构综合趋势要求的一种现代美术新观念。在儿童美术教学中我也设计了一些课题，如哈雷摩托一直是自由大道、原始动力和美好时光的代名词，且“哈雷戴维森”品牌的成功是美国传统制造业的传奇，它也许比任何其他20世纪的产品更具深意，哈雷车主会每年在世界各地都搞得热热闹闹的，骑手们穿戴炫酷，驾驶款式各异的哈雷摩托，组成浩浩荡荡的车队，分享激情与自豪。

这幅作品中，作者想象了一个有趣的情节：一个桀骜不驯的骑手捅了马蜂窝后被马蜂追赶叮咬，不得不驶向医院。

捅了马蜂窝　王禺棋　6岁

这幅画中作者想象了一个升级版的哈雷车主会。近景一名全副武装的骑手准备挑战障碍重重的赛道，远处骑手们使出浑身解数克服障碍。赛道的曲折变化令画面韵律生动。

王禺凝　10岁

下面这幅画表现了两个骑手比赛的瞬间：一个面临掀开的井盖，一个后备箱开盖，球拍飞了出来，可他们还没有反应过来。

曹睿恒　11岁

下面这幅作品有电影的画面效果，一个典型的追踪场景。

胡富豪　12岁

这幅画作者设计了一个系列的哈雷摩托，多视角的自由组合主题与背景画面，体现了工业设计的曲线与造型特点。

许敬一　12岁

这幅画的作者有惊人的造型能力，复杂的机械结构对他来说十分轻松，他非常善于表现未来世界。

林昊田　11岁

“哈雷车主会”这一课题的系列作品将工业造型、节事展会、流行文化等元素交叉融合，每个都独立成章、铺天盖地，从形式到内容都让人血脉偾张，能给儿童留下深刻的印象。儿童有各自的兴趣点与关注对象，不管是什么，我都尽量帮助他们挖掘内容，发展成为独一无二的创作。当然有些男孩子，这个课题正中下怀，他们把自己的长项可以发挥得淋漓尽致。

在实施“翅膀”这个课题时，我给了儿童一个提纲：给某个东西加上翅膀，让它具有飞行功能，并能解决一个问题。讨论开始时，有的想到飞马，我说不是不可以，但是飞马的形象已经有很多了，不容易出新，我们再想想别的。越是我们平时想不到的东西，加上翅膀后，画面效果才有可能最好。至于翅膀，可以是鸟的、昆虫的、蝙蝠的、哆啦A梦的，还可以自己设计。

下面这幅画描绘了一个有着巨大蜻蜓翅膀的电塔，还有两条长长的带刺的鞭子。它正飞起来放电，抓捕一群准备乘海盗船逃逸的贼。

飞塔擒贼　王露鹏　8岁

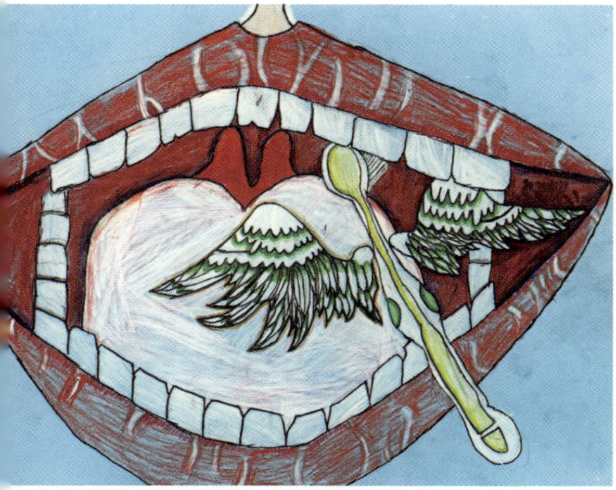

高科技围绕我 张靖楠 7岁

会飞的消防车 张露倩 8岁

在作品《高科技围绕我》中，作者设计了一个能飞的牙刷，这样自己刷牙的时候，只需张开嘴就行了。

在作品《会飞的消防车》中，作者觉得现在的消防车到达火灾现场会赶上堵车问题，如果能飞过去就快多了。

“翅膀”这个课题让儿童自己做了回设计师，儿童发现了实际生活中很多东西都有改善发展的空间。正像现当代艺术中有很多艺术家兼有设计师的身份，这些有天分的人游走在不同的领域，创造出令人赞叹的作品一样，引导儿童关注生活，启发设计思路，展开想象的翅膀，让他们意识到纯艺术与设计的不同，从而不拘泥于现实，创造出有设计感和想象力的作品。

以“大美术”观念引导儿童进行设计，又将设计作品以绘画的形式表现，这个过程交叉、渗透了设计与绘画的形式转变。尽管中国与西方艺术设计水平仍有很大差距，尽管我们受观念、材料、时间等诸多元素的限制，但是世界上本没有路，走的人多了便成了路。它丰富的发展方向，值得我们继续深入探索实践。只有积极关注现当代艺术，接纳它们的日新月异，才能指导儿童创造出体现数字化时代的作品。

5. 以观念艺术延续现当代艺术的价值观

观念艺术自20世纪60年代中期发展至今，作为一种方兴未艾的艺术样式，已经成为艺术家探寻个人乃至人类精神世界的一种表达方式。其定义非常宽泛，包括的范围也很广泛，绘画、装置、照片、雕塑、行为艺术、电影、大众游戏、表演艺术、大型机械以及多媒体等越来越多的媒介被运用其中。观念艺术家们不追求公众的参与和理解，转向观察自己生活的环境。今天，整个世界的艺术家们，不管他们属于哪个流派，承袭哪种风格，使用何种媒介，选择何种艺术样式，他们都自觉地将某种观念（有时候，剔除观念也是一种观念）注入自己的创作中。一位评论家说过："自杜尚的'小便池'以来，艺术就在观念的层次上存在着，并且仅仅在观念的层次上存在着。"观念在现代艺术创作中的比重越来越大。作为个人自我解放的途径之一的现代艺术，以其思想的魅力和省察的深刻，为我们提供了无数次觉悟的机会和可能。在现代主义和后现代主义时期，自由和平等只是在部分民族、国家和地域范围之内实行的社会生活法则，进入当代艺术时期，自由和平等将成为全人类共同信奉的价值观。

现当代艺术不拘程式，因此有些时候从形式到内容都很费解。我们不理解作品，正是说明了这个世界的多样性，人与人之间的差异也导致现当代艺术作品个性十足。但是只要我们进入艺术工作者的观念世界，便可以多多少少理解作品的本质，体会作品内涵。理解这个过程也是观者弄懂现当代艺术作品的一个特征，与其说特征，不如说对话，即艺术家、作品、观者之间的对话。这种对话是显性结合隐性的：形象、色彩、材质、肌理、味道等视觉、味觉、触觉的感性刺激直接给观者留下印象。但除去这些，观者在思考作者到底想要表现什么，为什么要这样表现以及品评作品等系列问题时，这种对话便转变为隐性的了。这个过程也不可避免地影响了我的教学。幼儿绘画更多地是依靠直觉，随着年龄的增长，儿童的理性思维越来越强。选择儿童易于理解的观念艺术，尽管在课上会花去一些时间，但最初的不懂不会成为他们的障碍，反而能津津有味地和我一起进入情境，时间长了，他们自然也知道这种对话过程的必然性和保持作品个性的重要性了。

奢侈品的概念是不断延伸的，它随着时代的变化而变化，在不同的时期有着不同的代表产品。儿童眼里的奢侈品一定是以物质的形式表现出来的吗?

下面这幅画中，一只养尊处优的宠物狗平静地面对各种鲜肉，窗外的流浪狗面对残羹冷炙却饥不择食。

王禺凝　9岁

下面这幅画中，一个蜷在街角的流浪老人，街上餐馆咖啡厅里各种食品的香气一股股地钻进他的鼻子，但他只能闻闻。

罗欣怡　11岁

下面这幅画描绘了这样一个场景：一个人掉进海里，乌云漫天，突然出现一道阳光，阳光下出现了一个小岛。这是上天赐予他的生的希望，他奋力游过去。

张慕山　11岁

下面这幅画是一艘从地球出发的飞船，船长工作台上摆着“地球已死”的提示牌，屏幕上却看到了另一个美丽的星球。

林昊田　12岁

雾霾的世界　高梓惟　12岁

初看这些作品，我们理解得不一定准确，就像前文所说，待到我们理解了，便也唤醒了我们追求奢侈物质时失去的一些纯良本性。

雾霾在中国愈演愈烈，我们步了英国和美国的后尘，只不过是晚了半个多世纪。这其实是个全球性环境问题。现在的学生课业负担很重，所以我设计课程时是本着尽量让他们放松心情的原则，希望他们快乐一些，因此一直犹豫要不要上雾霾主题的课。直到我上梯田的课时，有一张图片是晨雾中的梯田，有一个学生，没见过真正的梯田，我刚说完这是清晨的雾，他便脱口而出纠正我："老师，这是雾霾。"我被惊呆了！是什么让儿童觉得雾就是雾霾？这样的童年是多么不幸！我马上意识到这个课必须要上。我们任何一个人都没有做鸵鸟的理由，穹顶之下，同吸共纳，学生越早意识到雾霾的危害性，越早意识到环保的重要性，才能越早扭转愚钝缄默、深吸至死的命运。

上面这幅画中，无数大型烟囱排出的废气形成恐怖的幽灵飘荡在城市上空，地上颗粒无收，天地混沌成有毒的绿色。人们在超市购买防毒面具，所有人甚至狗都必须依赖防毒面具才能出行，我们只能这样活在雾霾的世界吗？

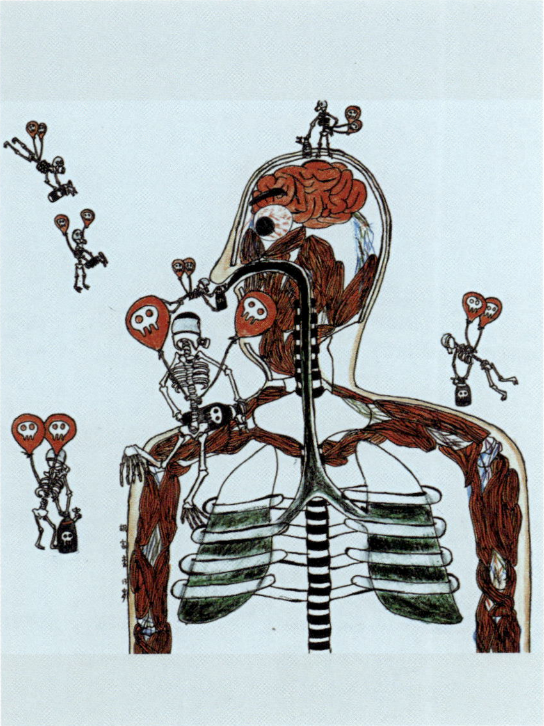

看不见的死神　胡富豪　13岁

这幅画中，作者默画了人体解剖，那些看不见的死神提着各种生化武器蜂拥而至，这个人从鼻腔开始到肺已经变成黑绿色了。画面弥散着生死预判的悲哀。

时面霾伏　孟晓阳　12岁

在《时面霾伏》中，一个巨大的时钟，钟面上的城市马上要被一片灰色吞没，一个人徒劳地用一只手抓住越来越陡的分针，一切都将陷入万分危险的境地。画面充斥着迫切的紧张感。

下面这幅画描绘了一个扔垃圾的动作：一个里面是城市但脏得看不出颜色的玻璃球，被扔到垃圾箱里，蓝天白云的背景是作者简单的渴望。

田茄乐　11岁

下面这幅画中，各种污染源轰轰烈烈，一个男孩企图逃离，但霾神在身后背着各种捕捉工具，面露得意的狞笑。的确，光凭两条腿，又能逃多远？

逃离霾城　王禹凝　11岁

No Haze　袁永欣　12岁

这幅《No Haze》的作品揭露了雾霾的成因之一：不合格的汽车尾气是我们亲手制造的死神。戴着防毒面具开跑车，多么讽刺！

在下面这幅画中，面对钢筋混凝土烟囱和尾气汇成的骷髅的挑衅，飞机拉出“不要雾霾”的横幅看来仅是螳臂当车，一句口号怎能抵挡一场战争？

张子陶　11岁

雾霾的主题注定是沉重的，我们固然期望感受儿童生活中的快乐，但不能以此限定儿童的心理，童趣仅仅只是评价儿童绘画的原则之一。儿童不是取悦成人的开心果，儿童的绘画作品也无博人一乐的谄媚。既然生活不是童话，那么不如一起勇敢面对一些残酷的现实。只有展开和儿童内心的对话，聆听儿童心声，才能平等地了解他们的生活，感受他们真实的情绪。这对儿童来说是一个体现具体生活，学习在作品中注入观念，提高思考力与创造力，逐渐领悟用艺术的形式去表现观念和艺术美感的过程。

一花一世界，每个儿童都是一个独立的世界，儿童绘画作品不仅是他们与成人的对话，还是对现实、对当下的思考，更是对世界信息的反馈。在现当代艺术语境中具有现实针对性地表现个人所处的社会环境，体现对人的处境的终极关怀，对社会现实带有批判性地关怀和关注，直面人生，体现权利诉求，不仅凸显了儿童作品的价值，更能让我们以一种包容和平和的心态来看待今天的艺术和所处的世界。

三、保持儿童绘画的原创性，坚守儿童绘画的纯粹场域

无论采用什么方法进行教学，儿童绘画都必须保持它的原创性。探索开启儿童创意思维的对话性教学方法，使儿童绘画不是简单的模仿，更不是技能技法的培养，而是想象力与情感的融合。儿童绘画率真直接的视觉表达方式与现代人对美的追求不谋而合，点滴童趣又可引起人们的共鸣。这既顺应了现代人厌倦工业文明的潜在情感倾向，又完全符合在当代艺术语境下建立多元文化的客观需要。而“场域”是一种具有相对独立性的社会空间，相对独立性既是不同场域相互区别的标志，也是不同场域得以存在的依据。尽管儿童与成人枉直随形，但要指导出洋溢童真气息且具独特的魅力场域的儿童绘画作品，需要教育工作者具备敏锐的眼睛和清醒的头脑，走进儿童世界去呵护儿童真正的感觉与情感。

1. 重视直觉，保护儿童绘画的原创性

人体除了视觉、听觉、嗅觉、味觉和触觉五个基本感觉外还有直觉，即我们常说的第六感。直觉常常复合人类复杂的感觉，在艺术创作时会像神来之笔带来意外和惊喜。它可能促生灵感，也可能主宰情绪。但不管怎样，我们可以在人体这个复杂精密的系统里，尽量调动儿童的各种感觉，酝酿创作冲动。

“灯光与风”这个课题没有任何作品参考，重点是挖掘儿童的独特感觉。灯光没有具体存在的形状，只有冷暖颜色。因此可以引导儿童去想象光线散发的方式，可能是中心散发，可能转着圈散发，也可能以直线、曲线、波浪线等线形散发。风力有大小、方向之分，可能也有一定的存在形状。儿童可以展开五感之外的想象，凭借空气般存在的直觉，依靠个人独特的感觉进行创作。

这幅画中，一个窗前的台灯，光晕由灯头均匀地散开，形成安静的秩序美。

李静思　3岁半

下面这幅画中吹风机的风是打着转出来的，如池塘的涟漪，让人暗生联想。

郑铃月　4岁

下面这幅画中，男孩子感到风力强劲，风口处红色的核心让我们似乎可以感受到冷暖风切换的瞬间。

贾梓航　4岁

这幅画中，波浪状的光晕活泼欢快，像一首轻灵的小夜曲，与台灯和桌面的直线形成对比。

这个主题对儿童有一定的挑战，教师除了充分调动儿童的感官来感知，还要鼓励儿童努力再现想象，这增加了过程的游戏性。台灯与吹风机的形状及结构是视觉性的，而灯光与风的存在是感受性的，可感的比可见的更有开发价值。挖掘一些平时不被注意的直觉，激发儿童的绘画兴趣，直接保护了儿童绘画的原创性。

刘舒扬　4岁

动物世界丰富多彩，对儿童有着强烈的吸引力，不同种类动物的不同姿态和生活习性都有很大的开发空间，是一个可以持续的课题，选择体貌特征明显的动物可以不断发展儿童的记忆力和造型能力。了解动物的生活习性让儿童懂得各种生命的异同，也为儿童创作提供了详细、生动的故事元素。

下面这幅画中，狮尾狒妈妈背着自己的孩子行走，她脸上长长的毛发随风飘散。欢愉的母子情！

狮尾狒　周语冉　4岁

下面这幅画中，食蚁兽发现了一个蚁丘，它把又长又灵活的舌头深进去吃白蚁。食蚁兽身上和四肢的花纹与毛发产生了装饰美感。

食蚁兽　谢予今　4岁

驯鹿　荣伟烨　5岁

这幅画中，一头拉雪橇的驯鹿碰到了另一头卧在草地上的驯鹿，严冬与暖春的生活截然不同。

疣猪　荣伟烨　5岁

这幅画描绘了疣猪一家在妈妈的带领下悠闲散步的情景。

相比于成人故意为之的变形，儿童造型的不准确产生的自然变形，似与不似的自由放任是童心的天性使然。充盈儿童初心的作品，往往具有直抵人心的力量。

2. 充分诱发创作冲动，尊重儿童的主体角色

当代艺术不再需要国家、民族或地域作定语。如Julian Stallabrass在《当代艺术》一书中所言：“（在当代艺术中）现代主义线性、单向、白人和男性原则彻底崩溃了，取而代之的是一种多元、多向、彩虹般多色人种、由各种实践和语言组成的碎片般的复杂景观。”全球化带来了史无前例的无国界的当代艺术，各种现代媒体带领人类轻而易举地穿越时空，儿童生活的内容也变得越来越丰富。尽可能多地利用这些手段带领儿童触及世界之门，诱发儿童的创作冲动，引导儿童以自己的方式进行创作，便是尊重儿童在儿童绘画中的主体性。

美洲杯帆船赛起源于19世纪中叶，是帆船赛中影响最大、声望最高的赛事，与奥运会、世界杯足球赛以及一级方程式赛车并称为世界范围内影响最大的四项传统体育赛事。从路易威登冠名赞助到甲骨文宝马队、新西兰酋长队、瑞士阿莱西队、瑞士阿灵基队等商业命名就表明它是巨富的对决。高科技碳素钢材料制造的赛船，布满商业元素的船帆，海上基础设施配备以及波浪飞溅的绕标、灵活出色的技术转换等内容，都为儿童创作提供了丰富的元素。视频、图片的结合让儿童对此项运动有了很深的了解，有助于多角度表现儿童绘画原创的美学趣味。

下面这幅画中，作者感兴趣的是这一片有浓郁装饰风格的海水色彩。

彩色海洋　刘紫昕　10岁

下面这幅画虽然只画了一个船员在船上进行技术调整，但是后面那艘与之齐头并进的帆船还是造成了很紧张的比赛气氛。

紧张的比赛　邬昊锴　8岁

下面这幅画中，作者在这个比赛的大场面里，还加入了事故、立体救援、UFO等想象内容。

美洲杯帆船赛 高梓惟　13岁

湍流滔天　任炫玮　10岁

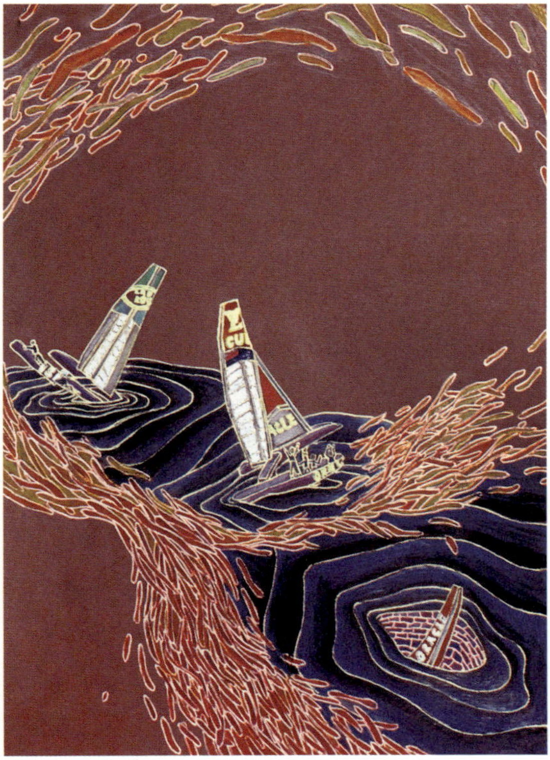

吞噬　袁咏欣　12岁

《湍流滔天》这幅画中，虽然滔天巨浪激起湍急水流，但水天一色之美减弱了惊险成分，倒生出几分静逸。

这幅画中，三艘不同处境的帆船被旋涡包围，以少胜多地表明了水的威力与魅力。

王者对决 杨浩平 9岁

《王者对决》这幅画中，围着门标转弯的帆船搅起的巨大旋涡仿佛能把水里、岸上所有的东西带到它的节奏里。这是帆船之间的对决，也是人与自然的对决。

《危险重重的帆船赛》描绘了一个想象的比赛中碰到水怪和鲨鱼的危险场景。

危机重重的帆船赛 王露鹏 9岁

《摇滚吧，帆船》重点刻画了波浪的流向，传达出简洁干净的形式美感与韵律。

摇滚吧，帆船　赵星涵　9岁

在《咏浪》中作者直抒胸臆，咏颂围合之势的海浪和丰富的水势。

咏浪 李明远　11岁

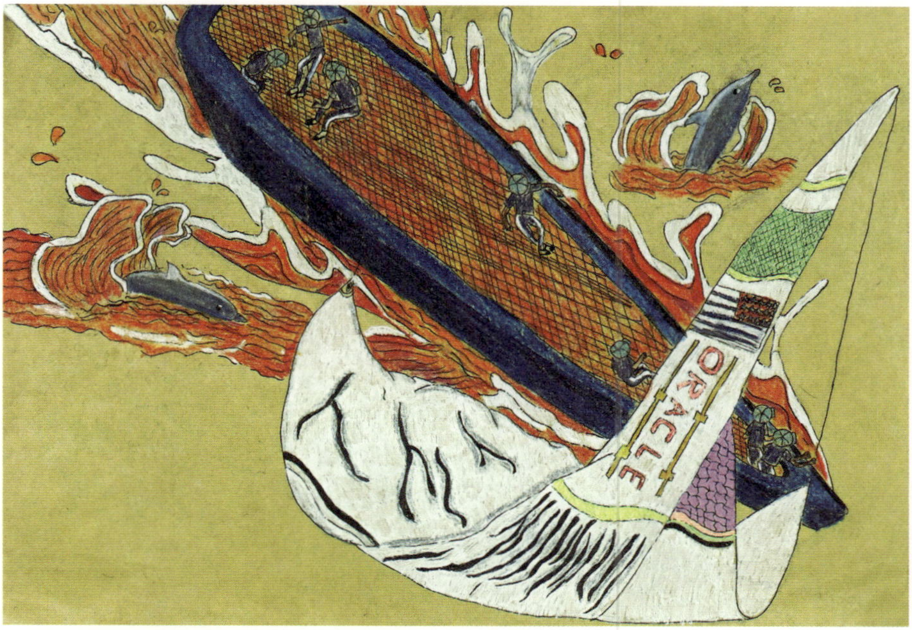

与海豚并行　王俊杨　11岁

在《与海豚并行》中，作者以俯视角度刻画的帆船与海豚并行，反映了人与动物共生的情怀。

尊重儿童的主体性，放大儿童创作过程中的些许灵感，形成儿童绘画的艺术情趣，藉此体现了大千世界的维度。当代艺术语境下的儿童绘画与过去、现在和将来有着千丝万缕的联系，这是一片传承文化、满载人类希望的净土。在保护儿童绘画原创性的前提下，儿童纯净自然的生命气息，质朴无华的童真童趣赋予作品热烈生动的艺术价值，对当代艺术创作有一定的启迪。呵护儿童独有的精神家园，保持儿童绘画原创性的纯粹场域，站在发展的角度来说，将会为当代艺术发展推波助澜。

综上所述，艺术的内涵是一种艺术文化的性质，而不只是掌握专业技能技巧。现当代艺术语境涉及更为广泛的美术文化，且通过艺术活动实现对人文精神的终极追求。兼收并蓄有价值的文化因素以及精神观念，可以大大丰富儿童绘画的艺术创作手段。生活是创作的源泉，儿童生活内在的逻辑支撑了儿童绘画方寸的变化，或顽劣可爱，或温情暖炽，或还淳返古，集欢愉、幽默、思辨、批判、冲突等元素形成了儿童绘画的艺术价值，完成其在现当代艺术语境下的意义转换和嬗变。现当代艺术语境大音希声，儿童美术教育之路局中观势。我作为一粒微尘，与儿童一起在时空中成长，在彼此思想碰撞融合的瞬间，我们无处安放的灵魂在艺术世界找到归宿。

第二节 儿童水墨画的魅力

水和墨，对处于萌芽状态的儿童，是自由与自由心理的结合与体验。

水和墨碰撞而相融，尤其对充满好奇心的儿童来说，是变化无穷的梦幻游戏。

一、从大自然中感受儿童运用水墨的意识语言

儿童水墨是以儿童的情趣、质朴的情感与直觉思维，表达自己对事物最本质的视觉体验与心灵感知，要引导儿童从大自然的一草、一木、一水中去感受、体验生活的美。

《小雨》《雷阵雨》《龙卷风》这几幅画是儿童对小雨、大雨、龙卷风等事物状态的情景表现，是儿童对熟悉事物的体验与情感宣泄。

小雨　莫皓然　9岁

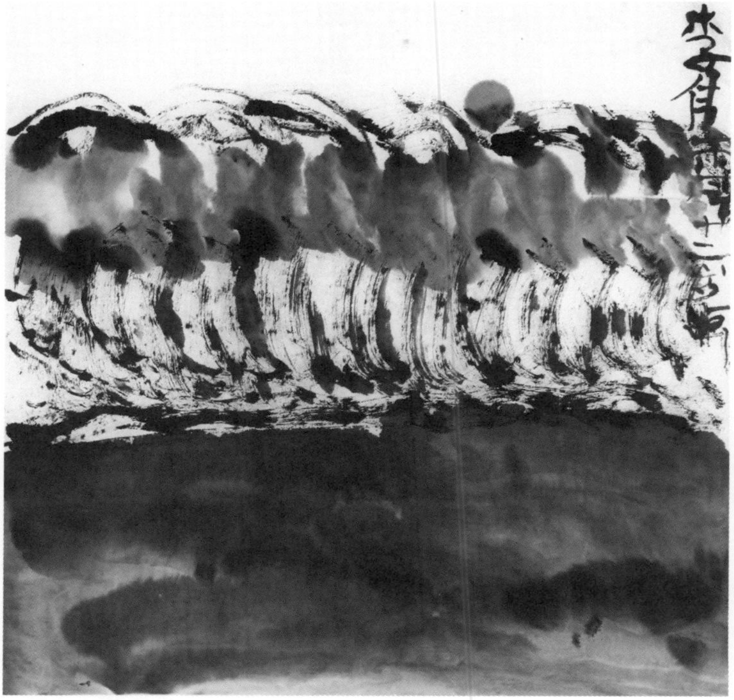

雷阵雨　李伟震　12岁

龙卷风　白聃笛　9岁

二、继承传统文化精髓，发掘儿童绘画情趣

儿童水墨画教学最大的问题是如何传承与创新。传承与创新，从根本上应该是对中国传统文化元素的渲染、提炼、延续和升华，而非线条、笔触痕迹的引导和实践训练。

儿童学习水墨画，首先要进行驾驭毛笔、墨汁、宣纸等画材的实战训练，教师的教学引导，一定要帮助、支持儿童在具体的学习中掌握最基本的元素——中国式线条与表现的象征符号。

教学中，可以尝试让儿童以游戏的方式去书写甲骨文和中国古器上的图腾符号，但这一绘画形式的书写绝非技法、技能的统一模式化的演练。

用这一形式引导学生进入水墨画线的训练和体验之中，在提升驾驭水墨画材能力的同时，还能锻炼儿童对水墨的线条笔触的感知力。游戏式线条的自由书写，充分调动了孩子接触水墨的积极性，使儿童内心体验水墨的意识可持续地萌发、延展。

甲骨文与史前中国彩陶图案都是古人类对自然界、对生活的真实表达与记忆描叙，儿童以此为参照进行笔墨线条的描摹，在学习水墨国画的起始，很容易进入自我水墨作品创作的个性线条的发挥之中，也能有效地促进学生驾驭笔、墨、宣纸与水等材料，提高书写表现的能力。

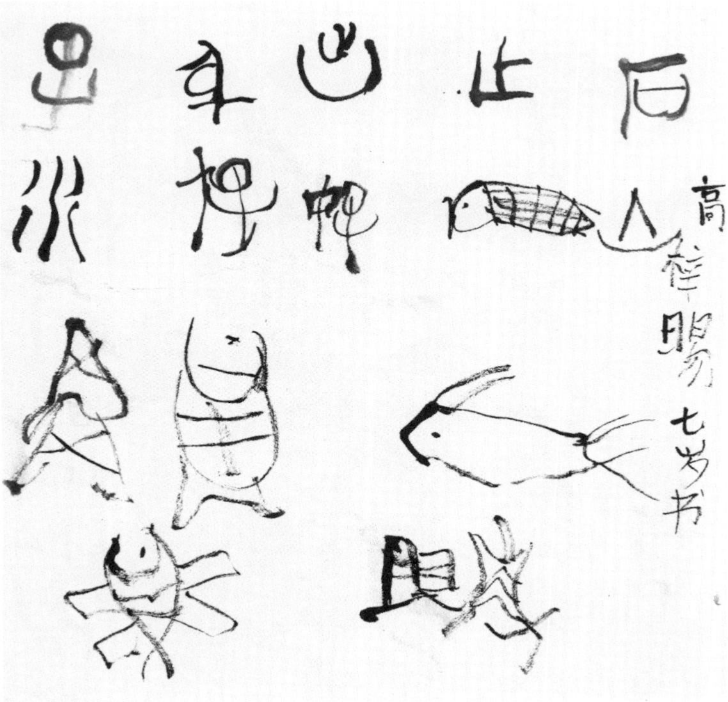

甲骨文　高梓暘　7岁

甲骨文　杨雨菡　6岁

中国彩陶图案　田若楠　6岁

三、制定适合儿童的绘画创作主题

1. 通过播放适合儿童心理发展特点的视频，引导儿童从中捕捉事物的某些特征，进行反复记忆与联想。

2. 提供适合儿童年龄特点的绘本读物，通过阅读增强他们素材表现的信息量。

3. 用充满诗意的话语及儿童诗歌启发儿童选择创作的素材，挖掘儿童内心的真情实感。

4. 通过提问式互动交流，发现儿童身体动作、脸部表现、手及胳膊等肢体语言传达出的意愿。

5. 课堂同步播放古筝、古琴或钢琴曲等适合儿童听觉能力发展的民乐或西方古典音乐，充分调动学生的情绪，使学生的绘画创作有更好的表现。

四、启发记忆与联想，聆听儿童心声

《一条长长的路》这幅作品中，作者通过对现实生活中所居住的城市老街巷子的坡形线路的记忆，用微妙的、似丝线的笔触“涂鸦”，将路的形态描绘得栩栩如生。

一条长长的路　张裕基　5岁

《动物很快乐》是对动物世界的记忆，虽然用墨倾向于“焦墨”速成，但这种“焦墨”式的记忆速写，正是儿童纯粹的第一感受的表白，视觉上线条呈现的不仅是老辣，更是儿童“涂鸦”的散漫，是儿童情绪的自然流露和表现。

动物很快乐　李玥瑶　7岁

小昆虫　宋雨桦　6岁

教学实践中，我常给学生播放在原野、山谷里土生土长的无名花草的视频，激发儿童想象，回忆自己在日常生活中所见的花草，《小昆虫》《花卉》《花鸟》这几幅作品都是孩子们的率性而为，完全没有纯粹的技法指导。不要求孩子们以临摹的形式，去学习“怎样画牡丹”或是“怎样画梅花”，只要他们创作的作品是花就可以了。

花鸟　张蕊　10岁

花卉　马宏伟　9岁

五、重视儿童的情绪表达

作品《秋天的老家》《夏天的记忆》表现了作者对家乡陕北农村生活的所见所闻。

下页的两幅作品是小朋友观看了“鹤”的视频后，画的鹤在春夏的湖边嬉水，或是在漫天的冬雪里，在有风的雪地上“漫步起舞”的情景。

秋天的老家　杜欣卓　9岁

夏天的记忆　李雨桐　10岁

鹤　姜苏倩　6岁

姜苏倩小朋友画的鹤，步法整齐统一，孩子本身在学舞蹈，有表演群舞的经验，孩子用画笔表达了“我画的鹤像演员一样，漂亮可爱”的情感。

吴嘉仪小朋友在画《鹤在舞蹈》这幅作品时，速度较快，而且面带笑意，让人有些琢磨不透。是什么让孩子绽放出如此快乐舒展的情绪？后来我了解到孩子也在学舞蹈，孩子的画面语言，直观、理性地反映出了她的成长背景。

鹤在舞蹈　吴嘉仪　7岁

水果、瓶子等是孩子们日常生活的必需品。在此主题教学中，教师以具体实物，要求学生经过“视觉观察”与“味觉体验”后，将实物收起，凭记忆描述，用画面再现。

这幅《茶几上的东西》，画面上呈现的水果、杯子、瓶子，将视觉推远，绸丝一样的线和音乐中的色彩，在晨光中流动，给观者以优雅的视觉感受。这一优雅的视觉体验，也许与孩子母亲从事舞蹈工作的艺术氛围有一定的关系。

《瓶子和水果》这幅画，最吸引人的是那两块貌似“虎牙”的西瓜，使人想起暑假美术班课间休息时，孩子们吃西瓜的情形。

茶几上的东西　杜旭博　7岁

瓶子和水果　米泽宇　6岁

轮船　王圣安　日记画　7岁

听故事　李尚真　日记画　8岁

孩子们的兴趣，总是千变万化的，在启发儿童创作水墨画时，有趣味的教学调动，可使孩子们将纯真的感情，通过纯粹的画面笔墨，有韵味地表达出来。

到孩子的生命田园里，去播种水墨的种子，必定是播下一颗童心、一颗良心、一颗自然之心。

《轮船》这幅画，就是童话故事中的小船儿，从遥远的梦幻王国，向孩子的心中驶来……难怪孩子说“水墨画温温的”！也许孩子“温温”的表达，是早晨太阳给予的暖洋洋，或是回到家中，餐桌上灯光与饭香四溢的温暖气氛！

《听故事》是一位喜欢与妈妈一起阅读的小朋友所作，用墨整体朦胧美妙。作者把“大海”这一景观融合在自我编写的《听故事》中，孩子写道：今天下午，我要听妈妈讲她去海底的故事，她说：“我在海里见到一种很怪的动物，它很像鬼，那时我很怕。”我说：“妈妈那有什么好怕的！”孩子与妈妈在良好的阅读习惯中，形成一种相互依偎的情感交流，而且还表现得乐观、自信！

作品《鲜花房屋》将我们带到美好的花园之梦：人们居住的房屋周围，长满鲜花，处处显现着美丽、健康与可爱……

《美丽的小山村》这幅作品，画面语言朴实、自然，表达出孩子对四季如春的居住环境的憧憬。小作者曾在作品描叙中写道：“水墨画让我忘记了伤心，让我变得开朗、开心，我可以用它来描绘我的心情。”

鲜花房屋　常雨堃　7岁

美丽的小山村　高雨轩　10岁

《榆林老城》《故乡黎明》属于写生创作。当孩子进入转型期，画面所表现的线条结构或精简，或繁复，造型意识强烈，且用墨润泽，或用色丰润，是这个年龄的孩子的真情流露，表达出了转型期孩子特有的心理变化。

榆林老城　郝怡然　写生　10岁

故乡黎明　李姝囡　12岁

在人物画创作题材中，孩子们以相片为参照，常常将人物置身于某个场景中去描绘。

作品《等车的人们》中，人的造型姿态是一种自发的、象征性的符号，通过记忆、想象来表现，透射出的是远距离的观察与感知。

等车的人们　张睿凯　7岁

这幅《人物系列》是依据教师所提供的时装人物杂志图片创作的，因画不下人物的下半身，在偶然情况下，成为了一张人物构图夸张变形、水与墨自然相融的佳作。

人物系列　徐艺倩　6岁

人物系列　雷升航　11岁

孩子进入转型期后，画水墨人物画，可依据人物图片，直接用笔墨在宣纸上创作，用线较严谨，但又处处流露出自然松动的意识形态语言。

纵观儿童水墨画作品，它们无束缚的线条，似幽然的山谷，小草与花儿，烂漫、耀眼夺目，又似孩子们睡意中可爱的笑容，水与墨在动感、静止之间相辅相融，似朦胧春雨自然飘落，又似电闪雷鸣与风雨碰撞后，从雨夜划向黎明的一道彩虹，总是给人以大写意的感受。

六、教学要点

1.鼓励学生大胆用墨、用色，帮助学生分析画面疏密、协调、对比、补救、相融的关系。

2.引导学生自然用墨，出现干线条，不要直接用墨去来回描绘。

3.引导学生作画时，一定要依据学生作品的特定风貌去完善作品，切不可改变作品的原有风格。

4.在创作过程中，提示学生用笔节奏有快更有慢，用墨浓淡相间，画面疏密得当。

第五章

感悟人生

第五章 感悟人生

第一节 让生命活得更精彩

一、“小腾妈妈”由来

大学一毕业，我就在从事儿童美术教育工作，工作几年后，我非常迫切地想提升自己的专业水平，在儿子小腾出生后，我去了中国传媒大学深造，把孩子留给了爷爷奶奶。等把孩子接回身边，小腾已经四岁了。骨肉重新团聚，却感觉像隔了层东西，小腾变得特别脆弱，动不动就哭，对妈妈的话常常充耳不闻，而且严重缺乏专注力，做什么游戏，连几分钟也很难坚持，我和小腾之间的交流也变得非常困难。那么点孩子，好像在用这种反叛的方式控诉我曾经的离开。当时我心里特别难受，那种愧疚、失落、无奈、伤心等感觉难以言表。

我开始琢磨与小腾亲近的方法。一次无意中，小腾发现了桌上的纸笔，开始了他的涂鸦。很快，他就热爱上这种游戏。而绘画又是我的本行，我就尝试着和他一起画，比如他在纸上画只小猫，我就添只老鼠上去，他在纸上随意画了根曲线，我马上让它变成了一条弯曲的小蛇……小腾惊讶而又开心。就这样，在小腾的佩服和欣喜中，我俩打开了一块只属于我们的新天地。我时常引导他画一些无形而又有成就感的事物，比如画迷宫，或给妈妈画一团毛线，我剪好了一个碗，他来画一碗面条……突然有一天，他自由地画出了自己的玩具小汽车，他又惊讶又兴奋，从此狂热地喜欢上了一张又一张白纸，兴奋地在上边自在涂抹，我先给他铅笔，又给他木炭条、蜡笔、粉笔，随后又悄悄换成毛笔、水粉笔，让他体验多种用笔方式制造出的不同痕迹。在纸上，小腾开始自由自在地表达他对世界的认知和发现，甚至还能从乱七八糟的线条里给我讲出一堆故事来。我从他稚拙的作品里看到了鲜活的生命力，便顺势有意去引导他，鼓励他。慢慢地，我走进了小腾的内心世界，他的专注力有了很大的提高。

当然，我也时常会放一段音乐让他感受节奏的美，也会带他去美术馆欣赏大师的作品，更会让他学着多角度去观察一个事物，并鼓励他画下来，如《看牙医》。在我的参与和鼓励下，小腾的感知能力有了极大提升，思维变得越来越广阔，发展到后来，小腾还常常去自制玩具，比如笤帚后面加个筷子就成了他心目中的飞机，拱形的台灯加一排磁铁就成了一只小刺猬，所有这些，我将它视为一种可贵的创意，每次都真心赞美与表扬他。

我总觉得，是绘画，帮我把孩子的心找了回来，小腾和我亲昵了很多，还认真地为我画了张画（《为妈妈画像》），而且越来越独立、自信、开朗，更重要的是，小腾变得特别善于思考。

看牙医　樊腾远　6岁

为妈妈画像　樊腾远　6岁

2007年，在北京做一线教师多年的我，回到了太原。在当时，所谓的美术启蒙，基本上都是单一地教孩子简笔画，借经常应邀作一些学校的美育讲座的机会，我就把在小腾身上成功的经验作了一些推广尝试。我的美术课没有成人评判的标准，只是去发现和引导孩子的艺术天赋，激发他们的创作热情，时间一长，我的美育理念得到了很多孩子和家长的认可，也坚定了我走自己的特色美育之路的决心。

后来，越来越多的妈妈把孩子送到我的身边，让她们的孩子和小腾一起享受艺术的滋养。大家不约而同，都叫我“小腾妈妈”。

二、教学中的感悟

1. 注重引导孩子自主表达

尽管做了多年的艺术，也教了多年的美术课，可没想到教幼儿画画比我预想的难多了。在课上，那么多小不点，有的哭着找妈妈，有的连笔都不会拿，有的拒绝动手，有的完全自由乱涂，有的没等你讲完课就画完了，真不是随便学过美术就可以胜任的。

2008年，我辞掉了所有工作，努力读书、参阅资料、外出求教，全身心研究儿童成长与艺术之间的关系，思考儿童绘画能带给孩子的价值所在。

面对孩子真诚生动的表达，妈妈们有时候却不认可，甚至责怪孩子画得不像。如何引导家长正确认识理解孩子的自然绘画，也成了我的重要工作。我常和妈妈们说，最重要的不是孩子画出一张完美的画，而是通过一次次的创作培养兴趣，在探索的过程中，不断完善认知，完善自我。

我依据孩子们的年龄特点，细分课题设置，目的就是激发孩子的兴趣与能力发展，逐渐培养孩子的美感。以启发的方式，引导孩子自主表达。所以，看似轻松有趣的课堂实验，其实是将美感和技法不着痕迹地糅了进去，孩子们在相对快乐的过程中，体验了种种可能的表达方式。孩子们的自信就在一次次的体验与认知中建立起来。

小手指画——人　陈浩田　4岁

绿色——春天　张智轩　4岁

作品《小手指画——人》借小手指游戏，理解人的结构与动态。春天来了，我引导孩子们感受春天的色彩，让他们自己用小手来调色，感受绿色，感受春天，画出了《绿色——春天》的作品。自主地绘画让孩子们充满了快乐，也获得了自信，《撕贴游戏——猫咪》就是用游戏的方式让孩子们体验了绘画的快乐。

撕贴游戏——猫咪　宋昱博　5岁

2. 鼓励孩子用心感受

每个孩子都有自己独特的发现与感受，需要用心去呵护与引导，不宜太早进行专业课学习。比如上素描课，既不符合幼儿的年龄特点，也因为不好理解、难度较大等因素，容易造成孩子畏难、失败感等消极心理，反而会挫伤孩子的艺术萌芽。同理，如果太早学习整齐统一的绘画套路，比如画简笔画，孩子的认知和想象力就会受到束缚，也对孩子的个性发展不利。

因此，尊重孩子的体验和感受，鼓励他们大胆表达，把他们心目中的美找出来、画出来，在美术学习中显得非常重要。

我们经常通过语言交流调动孩子们的生活感受，再让孩子通过绘画记录生活。比如老师会问大家：起床后做了什么？然后呢？家里还有什么？妈妈在干啥？学校发生了什么？你怎样去学校？等等。语言互动之后，就有孩子说：老师我知道画什么了。经过引导后孩子们的绘画往往表现得生动自然，而且常常超出我们的预期，让我们感到震撼。

作品《我家的早晨》记录了自己早上起床后匆忙的状态，吃饭、梳头、坐车等，每个画面里都有个钟表，提示时间在早上的重要性。作品《人》的画面里描绘了男人、女人、孩子，形象生动。作品《妈妈给我讲故事》直观地表现了孩子和妈妈在床上讲故事的情景，体现了孩子敏锐的观察能力。

我家的早晨　于小纯　5岁

人 万江天宇　5岁

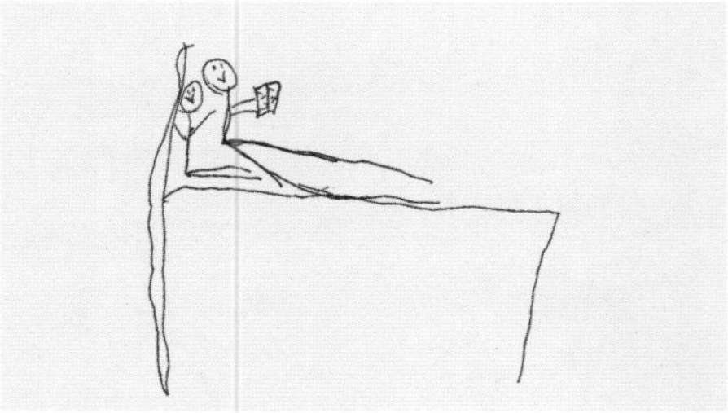

妈妈给我讲故事 吴彦达　6岁

3. 倡导孩子表达心情

孩子的内心世界远比大人的丰富，有很多自己的感受和看法，借绘画语言倾诉表达出来，实际上是一种情感疏导的过程，能促使孩子更阳光地成长。

小腾在小学一年级时，有一次，由于没被评上中队委，可能有点失落，趴在地上用小纸片画了满地的两道杠。我想，这也算是一种自我心理调整吧。能适时用恰当的方式去宣泄情绪，无疑对孩子的健康成长，具有重要的意义。有个小朋友的妈妈和我讲，她的孩子有一次把欺负他的男孩画在他的脚下做他的大臣，自己坐在皇帝位子上，以此来宣泄自己的情绪。

绘画源自生活，孩子用笔在纸上表达的过程正是孩子对生活观察理解的过程，也是自己心情疏导的过程，在孩子成长的早期是非常重要的。

作品《我和妈妈去滑雪》是孩子亲身经历的美好记忆，通过绘画，孩子懂得了感恩。

我和妈妈去滑雪　韩嘉乐　7岁

我和家人 许宣悦 5岁

作品《我和家人》记录了一家人在一起的幸福状态，作者是一个生活在和谐幸福家庭的孩子，所以画面中的自己被满满的爱包围着。

作品《洗澡》的作者是个调皮的男孩，画面表现了自己掉进浴盆的情景，水花四溅，孩子还说：咚的一声。可以想象在创作的过程中孩子是倾入了全部的身心在表达。这个年龄的孩子是完全不会被细节所阻碍的，画的就是心情与感受。

洗澡 赵炳宣 5岁

于小纯的《洗澡》动作夸张地表现了洗澡的感受，画面构图饱满，色调和谐。

作品《舞蹈课》表现了自己上舞蹈课训练的情景，画面节奏把握得很好。

舞蹈课　于小纯　4岁画

洗澡 于小纯　5岁

4. 激发孩子去独立思考

多年的教学让我发现，越是大家公认的好孩子，越不敢有自己的想法，他们更愿意听从大人的。这样的孩子，创造力受到了巨大的压制，心理上更难走向独立自主。因此，如何在孩子成长的过程中，激发他养成独立思考的习惯非常重要。

我在课题设计中，特别注重给予孩子思考的空间，我期望通过这门课程，让孩子们能积极主动地去认知生活，大胆表达自己的想法，成为一个有思想的人。

一次课堂上，一个小女孩说："老师，我通过画画发现，只要一动脑子什么都很简单。"还有个妈妈跟我分享："通过多年的美育课，我发现孩子的思路很广，解决问题会从很多角度去思考。"

所以，我认为美育不仅仅是培养孩子发现美、创造美的学习课，也应该是激发孩子们学会多角度思考，从根本上提升孩子们思维能力的课程。思考习惯一旦养成，对孩子们长远的发展和成长，善莫大焉。

我的低碳生活　贺梓彤　6岁

作品《我的低碳生活》中作者努力维护环境，是对环境保护的理性思考，画面很生动很美好。《躲雨》表现了小猫咪躲在植物下面躲雨的情景；《我的梦想》表达了小女生的梦想是做贤妻良母；《篮子的联想》中作者通过一个篮子的写生想象到这是一座高架桥，篮子的边沿是路，奔跑着汽车，下方是河流，从中可以感受到孩子极强的创造能力。

躲雨　陈泓霖　5岁

我的梦想　贺钰涵　6岁

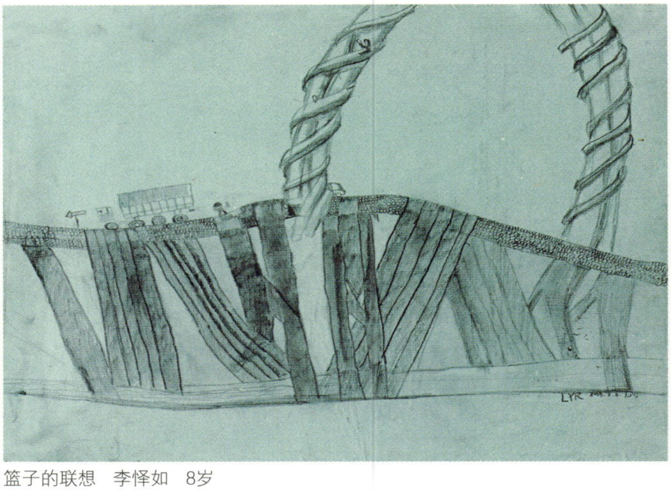

篮子的联想　李怿如　8岁

5. 让孩子静下心来

世界上没有任何一种能力，能在心浮气躁的情况下取得。也有人说，绘画是养性的一个过程。

道理很简单，但真正让活泼好动的幼儿静下心来，却不是件容易的事情。要解决这个问题，我认为兴趣才是最好的办法，只有让孩子真正爱上绘画，在创作的过程中找到成就感，他们才有可能静下心来，沉浸到美的享受之中去。我常会从他们感兴趣的身边事物做起，例如他们喜欢的玩具，或者我特意穿着之后让他们来画我，看老师新鲜的变化，以此引起他们的兴趣，再比如画复杂事物——螃蟹。孩子们一开始都感觉很有难度，经过我的分析，这个复杂事物的特点，孩子会一一说出来，在说的过程中他们就已经分析清楚表现的方法，因此孩子很快就说我会画了。螃蟹画了出来，他们就会很有成就感，孩子慢慢会越来越有耐心，懂得了细致的观察，慢慢地就静下来了。心静了，一切都能感受到，作品《毛绒玩具狼》《酒后的兔子》就都能画出来了。

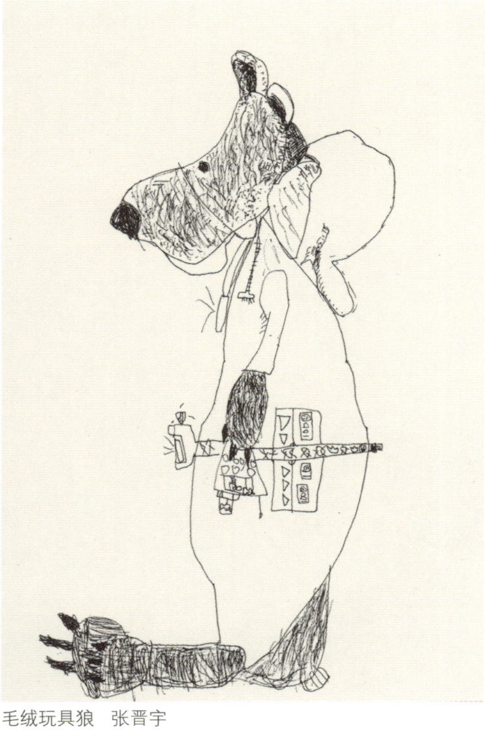

毛绒玩具狼　张晋宇

酒后的兔子　刘泽坤　6岁

6. 被包围的幸福

一次，刚结束了一天的课，我还在做课后整理，突然门铃响起，也不见有人上来。我将头探出窗外，啊！是我的几个学生在楼外空地上游戏，我决定跑下楼放松一下。

当我出现在孩子们面前时，孩子们欢呼起来，大声喊：“王老师！王老师！”洪亮的声音好像整个小区都可以听到，我刚蹲下，孩子们就把我紧紧包围了起来，告诉我今天是她们的采摘日。确实，我看到她们的玩具车里放满了小花、小草，有绿色的、黄色的、红色的，很美。

她们说，她们有一条秘密小路，没人知道，然后她们就牵着我的手，走上那条弯弯曲曲的小道。她们抢着把自己在这里发现的东西指给我看，这条成人走起来不到两分钟的小道，却给了孩子们无尽的快乐，她们纯真的笑脸让我感受到纯洁的美，感受到世间的真。尤其是孩子们给予我的那种信任和喜欢，是用任何东西都换不来的珍贵财富。

小道上的那一刻，让我感觉自己是世界上最幸福的人。

三、让爱精彩下去

每次课上课下听孩子们讲话，看他们认真的样子，尤其是那一双双纯真水灵的眼睛，真的太美了。和这些纯洁的天使在一起享受艺术，灵魂也会得到净化。

孩子们从心底爱着小腾妈妈工作室，爱上我的课，让我的成就感爆棚。课堂里时而活跃表达，时而安静创作，有时候边涂水粉边齐声高唱《我是一个粉刷匠》，那自然的韵律与动作是多么地和谐！

在我和孩子们一起创作的过程中，时间好像停滞一样，我们常常忘记了周围的一切。往往是一节课就要结束了，孩子们不舍地说：“啊？怎么又要下课了？”因为热爱，孩子们无论生病，还是有事，都轻易不愿请假耽误上课。他们深深地爱上了画画这个让心灵自由飞翔的活动，在工作室画画，在家画画，写作业累了画画，孩子们已经把画画看成了自己日常生活中不可缺少的一部分，看成了心灵抒发、情感宣泄的重要手段，看到他们假期结束带来的绘画日记，我内心无比满足与自豪。在《假期日记》中孩子记录了暑期在姥姥家发生的故事。

假期日记——打闹　吴昱泽　8岁

假期日记——妹妹吓哭了 吴昱泽　8岁

假期日记——逗狗　吴昱泽　8岁

假期日记——被追　吴昱泽　8岁

假期日记——妹妹咬了我一口　吴昱泽　8岁

假期日记——抢了我的卷子　吴昱泽　8岁

假期日记——再见　吴昱泽　8岁

以美育人，让每个孩子成为最好的自己，是小腾妈妈坚持的信念。

艺术教育在于慢养，艺术养心；艺术地生活，生命自然精彩。

丰收　陈佳钰　11岁

第二节　净心启智

净心，指去掉心里的杂念，是令人脱胎换骨的智慧；启智是启发潜在的心智，是美育中提高人的素养的价值取向。能创造美丽的事物，学习用愉悦、敏感和欣赏的眼光看待事物是艺术教育工作者的职责。如何予人以善、以美？须得“净心”二字。

一、家庭教育对女儿绘画的影响

我先从我的女儿为我和她母亲的线描肖像说起。每年我都让孩子给我们俩画像，岁月催人老，我们脸上的褶子一年比一年多，可她的画中人的脸却越来越年轻。这对我来说是一种宽慰，尽管时光流逝令人惋惜，但是孩子也在画中渐渐体会到了自己的成长，线条从笨拙到流畅，从繁杂到概括，无一不体现在她的作品里。

孩子13岁再给我们画像时，她的画有了一些进步。给她妈妈的画像中已经开始有了动态，这让我很满意。而我比以前胖了一些，眼睛也更有神了。

爸爸肖像

妈妈肖像

画爸爸

2015年是她频繁画画的一年。我们渐渐发现，让孩子学习大师的作品对她帮助很大。不论是在理解作品上还是在自己的练习上进步都很大。比如左下方这张画她妈妈的线描，是在她临摹完马蒂斯的画后马上写生的，感觉好极了。

在这个崇尚速度与力量的社会，技巧高超的画家比比皆是，但又有多少人能做到带着一颗感恩的心、爱人的心、孝心去画一幅画呢？我们所说的净心启智，对于孩子来讲，更多的是孝心启智，爱心启智。

画妈妈

给爸爸画像

妈妈给爸爸刮痧

我们对于女儿的绘画教育便是基于对身边人的爱。在家，爱父母、爱亲人，在学校要尊敬老师。这幅《妈妈给爸爸刮痧》的作品是我最喜欢的一张。它的有趣在于画面生动地展示了妻子为我治疗的场景，我由于疼痛咧着嘴，扎起的头发，她妈妈拿着刮痧板的动作和严肃的神情都被她呈现出来了。我还清晰地记得，她边画边问我疼不疼。她还在右上角画了她最喜欢的、刚上完油的小皮鞋。

由于女儿在外地上学，我们一家人一个月才能见一次面，作品《正在翻书的爸爸》是我去天津看望她时她为我画的画像。上面写着："爸爸没变老，可我长大了。"

我很欣慰，离开家乡给了我们一家人很大的改变，女儿尤其变得懂事了。国庆长假，我让女儿从天津回来看望老人们。按照惯例，女儿为四位老人都画了像，那几张充满了对亲人的爱的作品，我想我是画不出来的，我没有她那样纯净的心。

我们邀请她的老师来家里做客时她为老师们画了肖像。从画上可以看出，对老师的恭敬使她的用线很美、很放松，尤其是其中一位老师花边一样的头发很有趣。有爱才会呈现美，那种在爱的驱动下呈现出来的美是孩子心灵最自然的流露。

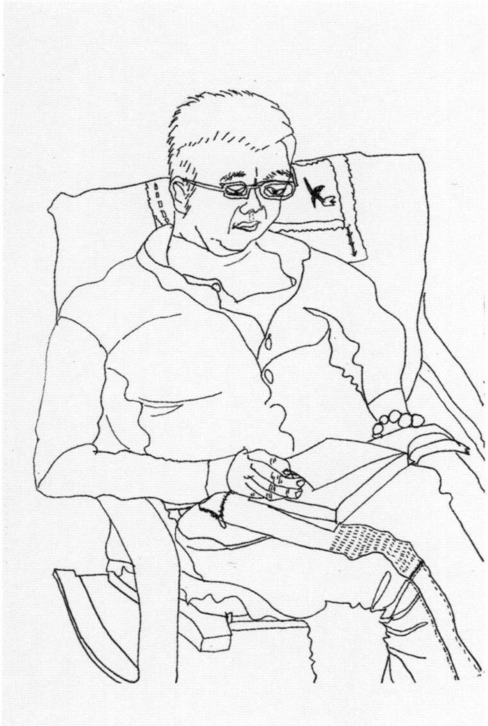
正在翻书的爸爸

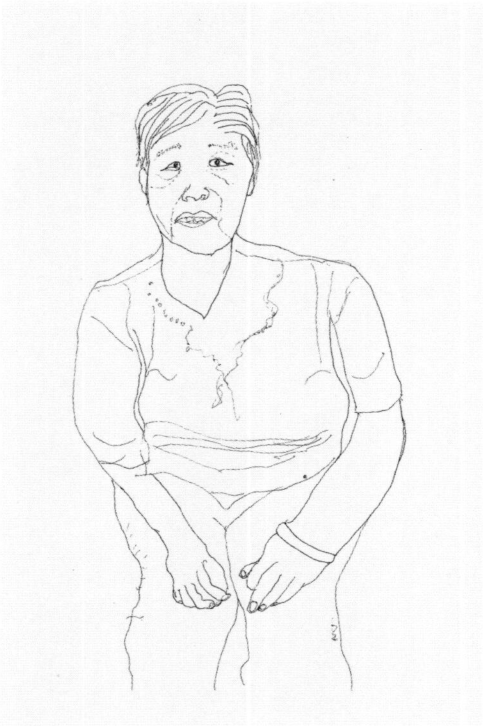
画姥姥

画老师

画老师

二、自我改变对团队与学生的影响

我的改变是从外貌开始的。四年前，我将留了十几年的长发和那一身被人认为是艺术家的气息一并剪掉了。去掉的是浮夸的外表，增添的是思想。我的员工们看到我的变化也纷纷效仿，性格越来越柔和，也越来越有耐心。这是一位学生给老师的画像。画面干净，在孩子的眼里，老师是最善良的人，所以他们把自己的世界中所有美好的东西都和老师画在一起，太阳、月亮、花朵，充分表现了对老师的喜爱之情。

刘泽豫　5岁

撕、剪、贴是4～6岁儿童的手工课。不管是一对鸵鸟夫妇还是孵蛋的鸵鸟妈妈，孩子们将他们对生活的认识真诚地表达出来，有时一只五颜六色的鸵鸟和一棵树一样大。

常薪瑞　4岁

于飞　4岁

李语霏　4岁

这幅《火车模型写生》，作者是经过自己的独立观察后创作的。看孩子们的作品，是一种享受。

火车模型写生　孙朱思锦　9岁

刘金焕　11岁

韩奕　9岁半

这是孩子们画的四季的印象。

孩子们已经能独立观察创作，基本不需要任何指导。

利用自设的形、色、纹画出想象之花，这些花的形态，颜色和纹理与鲜花相仿，所以看上去如同真花，其实它们是孩子们的想象。

信飞宇　6岁

陈子凡　12岁

张謦月　12岁

孙鹏皓　6岁

读《老鼠娶亲》的儿歌，让孩子们闭上眼睛，假装自己的脑子里有一个摄像机，可以看到语言描述的一切内容：新郎、新娘、花轿以及送亲的队伍……通过符号图像感觉和精神交流，表达自己的新创造，在过程中也能体会到成功的快乐和满足。

孙语彤　7岁半

下面这些作品是孩子们刻画的木偶人。孩子们用画笔和他们特有的天真与热情，赋予了木偶人以生命。

徐筱阳　6岁

万铠铭　7岁

朱悦然　7岁

李宣曈　8岁

王浩依　7岁

赵文瑄　9岁

马肇依　10岁

这是孩子们想象中的人，孩子们画出的就是在他们心中自己的样子、同伴的样子以及希望自己成为的样子。画面丰富且大胆，令人兴奋，我们希望能够帮助孩子留住这些纯真，用画笔自由地表达内心的美好。

在孩子们的作品里真正让人动容的是他们内心的情感。而要画一张让人满意的画，细心和耐心也是至关重要的，如果没有整齐的填涂和细致的勾线，再丰富的情感和热情也是不够的。要净心，是让孩子们放下各种外界的诱惑，真正安静下来，用他们各自的经历和独特的风格表达所见所想。

儿童的心灵是敏感的，它是为着接受一切好的东西而敞开的，如果老师诱导儿童学习好榜样，鼓励仿效一切好的行为，那么，儿童身上的所有缺点就会没有痛苦和创伤地、不觉得难受地消失。

第三节 用艺术的眼睛看世界

一、人人都能画日记画

在现代教育中，美术教育占有重要地位，它的功能随着教学和教学研究的深入，逐渐呈现出来。儿童的绘画活动是他们的游戏，也是用来进行交流、表达认识、抒发情感的工具。美术教育作为启迪人类心智发展最有效的手段，还能通过美术活动开启儿童思维，激发儿童自身的潜能，唤起创造的活力，培养多元、弹性的感受力和创造力。儿童美术教育应该从儿童的内心培养起，而儿童日记画就是儿童内心世界的表现。

儿童日记画又叫美术日记。鼓励儿童用画画的形式将每日所见、所闻、所想画出来，再加上一些想说的话和日期，就是日记画。下图是五岁男孩杨万里的日记画，旁边的文字是母亲根据他的口述加上去的。

美术日记可以满足儿童爱涂画的天性，尽情地享受表达自我感受的乐趣。既有利于养成观察分析事物的良好习惯，又可以自由表露自己的感受和情感，升华情操，获得身心和谐，还可以为日后进行其他形式的美术创作积累广泛丰富的素材。

儿童从睁开眼睛，甚至在娘胎内就从未停止过感知事物，或听到了什么，或看到了什么，或知道了什么，或喜爱什么，或受委屈、批评、表扬等，都会尝试着用某种方式告知他人，以求得安慰帮助；或取得认同，分享快乐，获得赞许鼓励。但是，有很多感受和想法却受到动作表情和口头语言不丰富、不畅通的局限，难以将意思表达清楚或怕使人误解，于是他们便借助较宽泛且一目了然的“世界通用语言”——图画符号来示意，就像聋哑人借助手势表情达意一样，而儿童日记画就是儿童内心对外部世界的感受的很好体现。

今天，我和妈妈去超市，我们坐电梯到楼上，超市里东西真多，我们买了东西就回家了。

商场里 杨万里

儿童日记画应该是从涂鸦期开始(1～3岁)，他们借助无意识的线条来运行手的肌肉，体会运动时的愉悦。愉快地成长，愉快地玩，这种玩是否会玩出大有希望的“名堂"，儿童是不管的。因此，我们必须清楚地理解儿童绘画的心理、生理特征，尽可能鼓励儿童在涂鸦阶段增强表达能力、表达欲望。渴求和敢于表达自己的心理，这种能力和欲望的培养是十分重要的，因为儿童必须经过涂鸦阶段，才能进入下一个发展阶段。就如幼儿必须经过爬、站阶段，才能进入走、跑阶段的道理一样。儿童自由地、随意地把当天的经历、见闻、感受，以最简单的工具，用绘画的形式表现在纸上或本子上，它可以使儿童马上享受到随意表达的快感和乐趣，满足了他们爱涂画的天性。因此，家长和教师必须多引导、多鼓励，以参与者的身份和儿童对话，切忌以教导者的姿态去训教。例如，儿童在涂鸦的画面上指出：“这是妈妈，这是

上午，爸爸妈妈带我去参观大龙湫。我们一走近那里，首先听到“哗哗哗”的水声，再走几步，一条“银河”挂在眼前。我高兴地直奔过去，马上就一脸水花，一伸舌头，水是甜丝丝的，我真想留在那里不回家了。

雁荡山　杨万里　6岁

爸爸。”我们应该说：“妈妈在做什么，爸爸在做什么呀？”“妈妈在看电视，爸爸在看书。”“上边是什么呀？”“是电视机。”“真好看！”儿童在鼓励、肯定中更增强了他们表现的信心和欲望。如果在这时说“这样的人真难看，妈妈应该是这样画的”，儿童可能会不知所措，甚至产生恐惧和厌恶情绪，原来的表现欲望、涂鸦的乐趣就会荡然无存。

随着年龄的增长，儿童的见闻增多，经验丰富了，日记画的表达也渐渐充实、热闹起来。他们能通过直觉将最复杂的形象简化为抽象符号，所画的人物、房屋、动物、植物等都用象征符号表现，画面上杂乱的线条，抽象的符号被一些较规则的形状代替了。他们可以用圆形来表示头部，眼睛、嘴巴也能恰如其分地安排好了，手和脚也能按经验摆动起来。这些“符号”在我们看来虽然是可笑，甚至可以说“丑陋”，但对孩子来说，这绝对是宝贵的，因为他们已经“成长”了。作为教师、家长，这时绝对不应掉以轻心，而应该热情地站在孩子的立场上欣赏、鼓励、赞扬，切实让孩子感受到被认同而受到鼓舞。

由于传统教学惯性，我们容易将日记画变成儿童的另一种“课外作业”，要接受教师、家长的监督，非要评出优劣、对错不可。这样，儿童画就会成为儿童的负担，不但不能产生良好的效果，而且适得其反。造成“马虎应付”“空洞无内容”或半途而废。时常有家长反映“我的孩子不知道画什么”“不愿意画”……有关专家认为：这类儿童缺乏安全感，害怕动脑筋，害怕画新的内容引起变化，害怕变化后的画面得不到承认。长久以来，他们并未真正从生活中获取经验，只不过是被动地参与了这个过程。这对儿童的成长是极其不利的。

其实，每个儿童都具有创造发展的潜能，而教师、家长的任务是创造条件使这些潜能得以实现。当然，儿童随着年龄的增长，他们的感知与视觉能力也自然地增长，如果任由儿童自由地、自然地发展，那么教育的功能就无法体现。我们相信绝大多数儿童，他们创造性表现的想象力、审美判断力、感知能力是通过教育得到提高的，我们更相信通过良好的、科学的教育手段，能使儿童能力得到更快的提高。儿童经过长期的积累，反复的表达，可以养成一种观察和分析事物的良好习惯，增强洞察力、分析力、想象力，发挥创作潜能，更重要的是，儿童通过画日记画加强对自然、对社会的理解，也是他们获取人生经验的一种途径。但在这一过程中，儿童会碰到许多困难，家长、教师的鼓励引导尤为重要，要像好朋友一样理解儿童并帮助他们达到目的。我深信每个儿童都会拿起画笔，为以后的学习，演绎一段辉煌的前奏。

战争　茅维佳　7岁

那天，我和妈妈到烈士山玩，烈士山的风景很漂亮，妈妈说：修建烈士陵园是为了让我们都记得战争的残酷以及生命的可贵。这场残酷的战争就发生在中国的一江山岛。

斗牛　张逸帆　5岁半

今天晚上我从电视里看到了斗牛士，他手里拿着红布，跟牛斗一斗。牛本来跑得很快，可是斗牛士的助手在牛的背上刺了几支箭，牛还有很大的力气，它不停地攻击那块红布，最后勇敢的斗牛士把最后一支箭插在牛的背上，牛喘着微弱的气。可怜的牛躺在地上死了。我觉得这项比赛太残酷了。

二、用艺术的眼睛看世界

有些家长反映，我们也带孩子去外面玩了、看了，回来后孩子还说不会画，这可能就涉及到观察的问题。

幼儿的审美活动从两岁以后便开始，这时他们的美感也已初步形成，如他们喜欢注视鲜艳的颜色，能分辨好看和不好看的东西，对美产生愉悦的情绪等。随着年龄的增长，幼儿通过视觉逐渐能将刺激物从背景中分离出来，看到“形”。格式塔理论认为当眼睛看到某种形时，知觉就已经对客观刺激进行了较大幅度的改造活动，形是视觉在瞬间进行组织或建构的产物，并不需要经过大脑进行处理，幼儿所画的象征性图画，是客观对象反映到他们视觉中生成的视觉映像，这种简洁完善的象征符号，表现了儿童对美的萌芽状态的追求，因为这种形能给人带来舒服愉悦的感受。

周末、假日带孩子外出，应经常提示他留心一些小花、小草，什么形状、什么颜色、什么模样，感觉世界的美，回来孩子要画的欲望也会加强，画面也会很生动细致。

启发孩子观察要注意从大处到小处，从整体到局部进行分析。

首先，引导、提示孩子观察事物的外形特征，包括形状的特点，如：人的高、矮、胖、瘦，脸型的方、圆、长、尖；动物的体形特点，如长颈鹿脖子和腿部长，头部和身体似三角形，北极熊头小、臀部肥大……

喂鸽子　杨正照　6岁

星期五，老师带我们春游去，我们在市民广场给鸽子喂食。

奶奶家种了一棵葫芦，结出的果跟我最喜欢的动画片《葫芦女士》里的葫芦一模一样。

葫芦　黄弋粟　5岁

今天，我碰到了小朋友和大人正在健身场玩。我看到有的小朋友在玩跑步机，有的小朋友在拉吊环。

健身　高涵予　5岁

我的家　林小雨　5岁半

我就住在这个小区里面，大公鸡叫我起床。

其次，分析结构，物象由哪几部分组成，树由树干、树枝、树杈组成，树干是什么样的，树的外形是怎么样，树叶是怎么样……并看清每一部分如何衔接，以便能把关系交代清楚。

在观察的同时，还要培养孩子的审美感受，儿童绘画中表现的形式美感是受客观世界美的影响，现实生活中到处都有，动植物生长的结构，人和动物运动的节奏，一年四季变化的丰富多彩，果实内部的美的构造，人和动物的节奏，时间流动使景物形成的变化，如海岸线的形态、波浪、沙丘、山脉呈现出的节奏美。建筑物庄严雄伟，山川风景秀丽等，这一切时时激起人们的审美情感，培养人们的审美能力，也孕育了艺术美的创造。

三、日记画对孩子的帮助

对儿童的绘画学习，很多人只存在功利主义的认识，以为学画画就是掌握一技之长，将来可以专门从事美术工作或当画家。这是一种十分狭隘的认识，儿童画画并不以培养少数画家为目的，它是对人进行心理、思想、情操和人格的教育，是人的素质教育，是全面育人的素质教育。让儿童参加美术活动本身并不是目的，而是手段和方法，因为美术活动极大地发展了儿童的感知觉，他们的观察力、记忆力、想象力和创造力得到充分发展，儿童借绘画表现、舒展自己内在的意愿和情感，从而培养美的情操。让孩子坚持画日记画，是发展其绘画水平，提高综合素质的有效途径。

1. 有利于儿童身心健康发展

儿童画画时执笔的手抓握用力，指、腕、肘、肩关节的运动使肌肉骨骼发达灵活，手的控制稳定自如。痕迹、形象、色彩，会使眼的视知觉敏锐、精细，能辨别事物的差别和特征，儿童画画是锻炼手、眼、脑协调发展的重要途径。让孩子每天抽少量时间画一幅日记画，即“每天画”活动，对孩子的帮助是很明显的。

2. 通过绘画活动，增强儿童对周围事物的感知力和适应能力

绘画能培养儿童鉴别、分析和审美的能力，感受生活中美好的东西，培养丰富的情感，有利于儿童的情感宣泄，使身心得到平衡发展，知道什么是真善美，知道怎样去关心他人和社会，养成丰富的审美情趣和高雅的艺术修养，使儿童情感境界得到升华，充实生活、完善人格、开发潜能，为将来的学习、工作和事业打下良好的基础。例如陶缘是个文静聪明的女孩子，父母常带她去外面旅游，《参观刘基庙》是她去文成旅游，参观了刘基庙后画的。基碑周围石头刻画细致，极具形式美感，同时经过爸爸的引导，知道了刘基就是明朝开国皇帝朱元璋的太师，增长了历史知识。《长城》是她看到了梦想已久的长城后画的。虽然使用的是简化为线的符号，但人物依然传神，有的三人手拉手，有的两人牵手，爬到烽火台后振臂欢呼，画面十分生动有趣。通过画这幅画，她既受到了美的熏陶，又受到历史文化的教育。

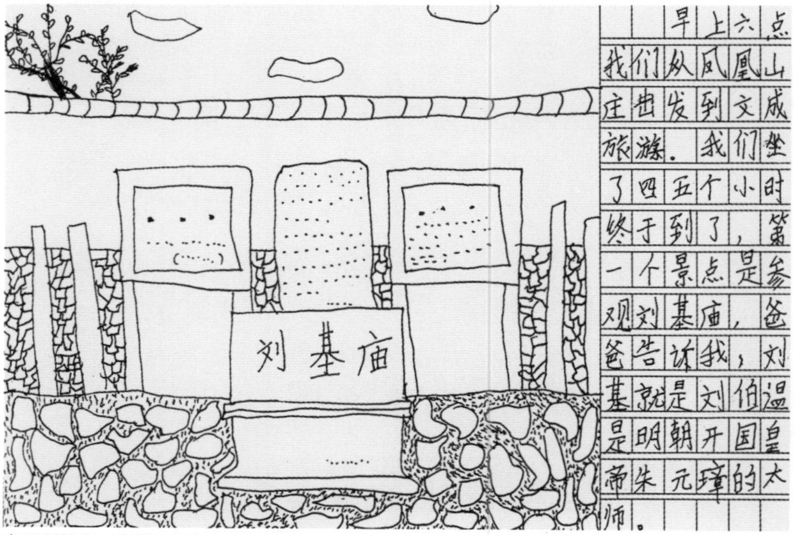

早上六点，我们从凤凰山庄出发到文成旅游。我们坐了四五个小时的车终于到了，第一个景点是参观刘基庙，爸爸告诉我，刘基就是刘伯温，是明朝开国皇帝朱元璋的太师。

参观刘基庙　陶缘　8岁

长城　陶缘　8岁

10月2日下午，我终于看见了长城。长城像一条巨龙卧在山脉中，弯曲起伏。城墙和地面都是用大石头砌成的，台阶是长长的条石。我爬上了好汉坡，做了一回好汉。

3. 日记画是我们认识和了解儿童内心世界的明亮窗口和通道

儿童绘画活动本身是儿童进行的游戏，也是一种创作活动，他们画画只图自己高兴，并不考虑是否需要画出一张“作品”，他们用画来宣泄自己的情感，随意画出困扰了他们的事件和问题，也表达他们快乐的心情，绘画的作用在于通过宣泄使儿童心理得到平衡，促进他们身心的和谐发展。

因此，可以说儿童日记画是我们了解孩子的窗口，从他们的画中可以了解他们的认识能力，他们的情感、心绪、性格、兴趣和爱好，从而进一步关心和教育儿童健康成长。

儿童常通过日记画记录生活中影响情绪的事，如愉快的事、受了委屈的事、难忘的事。画面有感而发，生动感人。

今天我在家把书弄得乱七八糟，也没整理，被妈妈打了一顿。

我被打了　吕晨阳　5岁

今天，我生病了，躺在床上休息，爸爸照顾我，妈妈给我喂药。

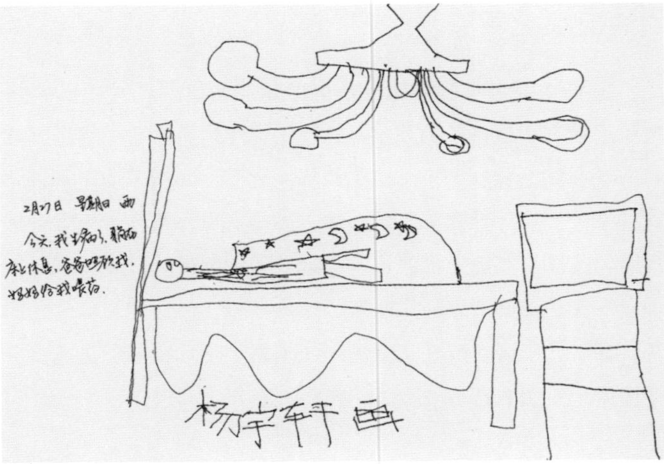

我生病了　杨宇轩　5岁

电厂煤场及轮船的煤是怎样送到输煤皮带上去的呢？噢，原来是用抓煤机给送到皮带上去的！

运煤　叶韬　6岁

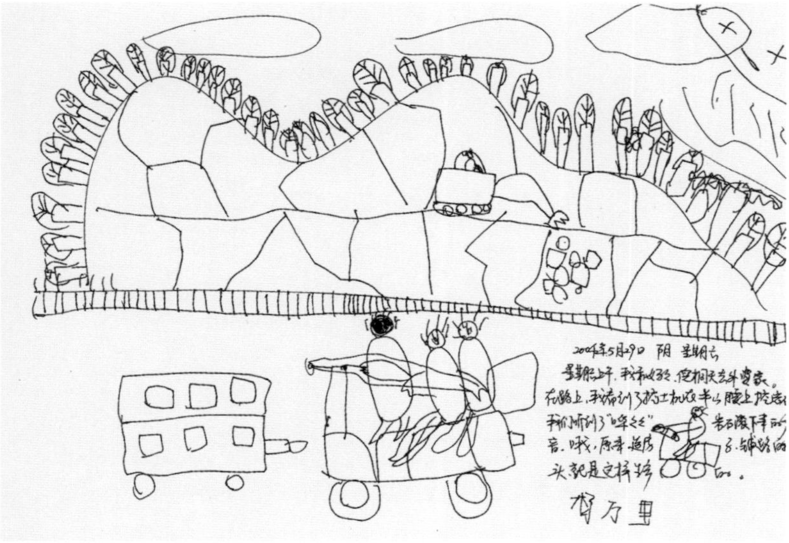

去外婆家　杨万里　6岁

星期六上午，我和妈妈、倪桐天去外婆家。在路上，我看到了挖土机在半山腰上挖岩石。我们听到了“哗哗哗”岩石滚下来的声音。哦，原来造房子、铺路的石头就是这样生产的。

儿童还通过画画表达他们的所想、所思，和对生活的好奇与探索。叶韬小朋友通过自己的观察，知道了抓煤机是怎么把煤送到皮带上去的，杨万里在路上看到了挖土机怎么样挖岩石，知道了造房子铺路的石头就是这样生产的。《看月亮》中小作者用望远镜看月亮，观察到了月亮真实的面貌，反映了儿童强烈的探究心理。《太阳雨》是周靖讳小朋友的画，画面是一家三口开着摩托车回家，效果一般，但让他惊奇的是虽然天空有太阳，却下起了雨，反映了他内心的困惑。这几幅画都是通过日记画，让孩子懂得了生活中的一些常识，扩大了知识面。

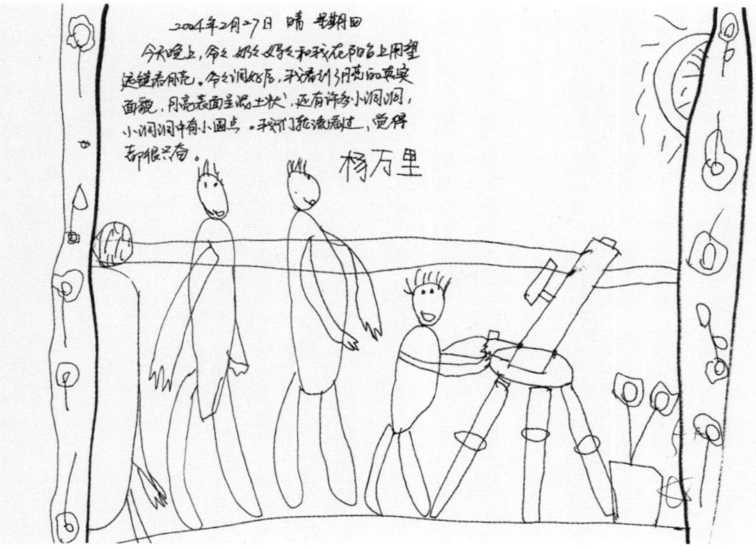

看月亮　杨万里　6岁

今天晚上，爷爷、奶奶、妈妈和我在阳台上用望远镜看月亮。爷爷调好后，我看到了月亮的真实面貌，月亮表面呈泥土状，还有许多小洞洞，小洞洞中有小圆点。我们轮流看过，都觉得很兴奋。

太阳雨　周靖讳　7岁

今天，我们一家三口从奶奶家回来，路上下起了太阳雨。这太阳雨好舒服呀，这太阳还发着强烈的光，白云也有，怎么会下起雨来呢？真奇怪！

4. 通过画日记画，了解儿童的性格与爱好

日记画可以反映出儿童的气质、性格、爱好和身体状况。儿童绘画是儿童自我表现的一种形式，不论年龄多小的孩子，都应被看成是一个完整的人。儿童的表现力孕育其身，反映其身，儿童通过绘画表现自己的思想、情感和兴趣。一个喜欢汽车的孩子，他能详细描画出车子的结构和各种车子的特点；一个喜爱恐龙的孩子，能画出上百种形态各异的恐龙，并且如数家珍地说出他们的名称。阮卓凡小朋友喜欢动物，下面三幅画都是他画的，形象栩栩如生。黄睿是个聪明、爱听故事的孩子，他画的三国故事，人物造型各异，还能把他画的故事有声有色地讲出来。

儿童在绘画中表现出的个性，是儿童自信心和独立性的表现，应给予细心保护和肯定。对他们的心理、个性发展中的问题要给予帮助并做积极的引导。他们的绘画没有好坏之说，只是反映了儿童在生活中通过观察、体验、思考后表现出的感受。对于他们的创造表现，教师和家长应给予理解和尊重。

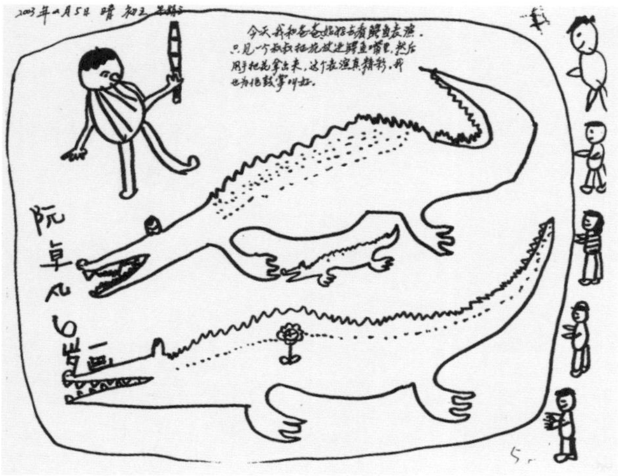

鳄鱼表演　阮卓凡　6岁

今天，我和爸爸、妈妈去看鳄鱼表演。只见一个叔叔把花放进鳄鱼嘴里，然后用手把花拿出来，这个表演真精彩，我也为他鼓掌叫好。

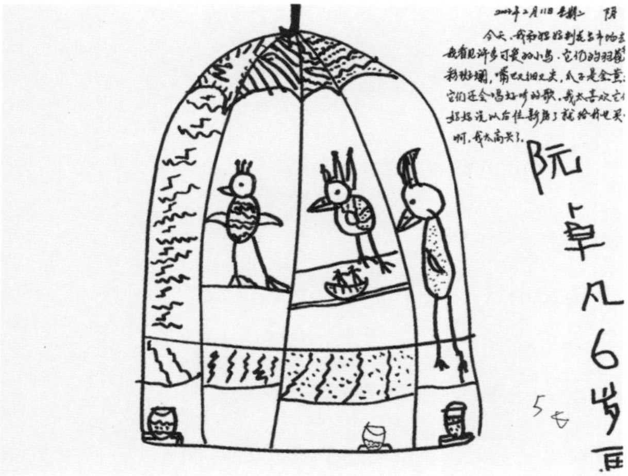

可爱的小鸟　阮卓凡　6岁

今天，我和妈妈到花鸟市场去了，我看见许多可爱的小鸟，它们的羽毛色彩斑斓，嘴巴又细又尖，爪子是金黄的，还能唱出好听的歌。我太喜欢它们了，妈妈说以后住新房了就给我也买一只。啊，我太高兴了！

大鳄鱼　阮卓凡　6岁

亚马逊河里住着许多大鳄鱼。有一天，河里的荷花开了，有两只大鳄鱼游过来，盯着一朵美丽的七色荷花，说："多么美丽的花呀，我们把它摘下来尝一尝吧，一定又脆又香。"两只短吻鳄张开血盆大口，扑向荷花。这时，一只长吻鳄说："伙伴们不能吃，漂亮的花有毒，只能看，不能吃。"那两只短吻鳄咽下口水，只好走开了。

诸葛亮造了木牛流马运送粮食，这是诸葛亮的妙计。司马懿中了计，抢了几头“木牛流马”回去仿造，最后，司马懿大败，狼狈不堪。

三国故事之一　黄睿　5岁半

曹操要跟吕布大战一回，其他将士不战而归，后又派刘备、张飞、关羽去跟吕布交战，终于打成平局。

三国故事之一　黄睿　5岁半

今天我第一次去学围棋，教室里坐满了小朋友。

围棋　黄弋粟　5岁

今天我去学围棋，学围棋的人很多，我和同桌下围棋，我吃了他很多的棋，他就不高兴，他说一定要把我走赢。我说，你是走不赢我的，一下子我就把你的棋吃光。

学围棋　金泰铭 5岁

5. 有利于儿童非智力因素的培养

儿童经过涂鸦期（三四岁）以后，画画行为开始成为有目的性的“工作”。“画什么”“怎样来画”“是这样子的吗”等一系列的思考，儿童是不可能不想的。这种不断“想”和“试”的过程就是训练和开发创造性思维的过程，也是毅力、耐心等意志的考验、形成的过程。经历了这个过程，儿童现在和将来无论学习、工作，都会有一个“善想办法”的头脑，成就一番大事的拼搏精神和百折不挠的奋斗意志。长期坚持让儿童画日记画对孩子的意志、毅力等品质的培养是很有帮助的。

美国心理学家特曼曾对1000多名高智商儿童进行长达30年的追踪调查，发现这些孩子从初中开始分化，那些坚持性差、求知欲不旺盛、学习不努力的孩子，在他们成年后没有什么成就。因此，可以说智商高不等于天才，只能说他具备成长的可能，只有同时具备优秀的个性品质，才能使这种可能成为现实，所以注意培养儿童良好的个性品质，是他们成才的关键。

常有家长问他的孩子是否有绘画天才，这是家长普遍喜欢的话题。一个孩子即使有绘画天赋，长大后也不一定就能成为一名杰出的画家，从育苗到成长，这中间路很长，判断他有没有前途，不能单从绘画能力看，因为儿童训练的主要目的，是让孩子的全面素质、多项能力和良好品质得到提高和培养，只要坚持下去他就会成长。因为才能不是天生的，而是培养的，是靠坚持不懈的努力取得的。

我们现在的父母常因过分疼爱孩子而忽视了严格要求，培养儿童毅力，确实需要舍得管教，但要讲究方法，严要适度。应注意顺应儿童的自然发展，要有耐心和毅力，持之以恒。儿童往往意志力比较薄弱，需要家长督促和培养，只有敢于在一个方向上长期坚持，“锲而不舍”，子女才有成长的希望。

法国文学家福楼拜说：“才气就是长期的坚持。”一个人成长的道路是漫长的、艰苦的，确定了一个主攻方向，能否成功，就要看是否有坚持到底的精神了。

后　记

本书能够完稿并顺利出版，首先要感谢湖北美术出版社少年美术编辑室主任曾琪琳女士，是她的诚恳鼓励和帮助催生了这套书。也要感谢全国儿童原创艺术研究会的老师们，他们用无私的奉献精神参与和支持了我，这是我们共同的研究成果。本丛书将分为三册出版：《儿童原创艺术研究》《儿童原创艺术引导》《青少年艺术转型教育》，以加强丛书的实用价值。同时，我还衷心感谢中国少儿造型艺术培训中心的全体老师和家长，他们多年来配合我的科研工作所做的努力和支持，书中大部分的图画作品都选自该中心儿童的艺术活动成果。限于本人的学识和能力，错误难免，恭请读者指正。

本书第一章第一节由深圳英夫书画艺术中心张英夫主笔，第一章第二节由北京杨景芝艺术中心高级教师秦明智主笔；第二章第一节由广东汕头墨涵画室郭涵主笔，第二章第二节由四川成都创意美术学校陶红主笔；第三章第一节由北京童创•圣地画室王秋月主笔，第三章第二节由清华大学附属小学张静主笔，第三章第三节由洛阳美林画室郭宝林主笔；第四章第一节由中国少儿造型艺术学会培训中心舒鹏主笔，第四章第二节由陕西榆林大飞艺术工作室李大飞主笔；第五章第一节由山西太原小腾妈妈儿童美育机构王梅青主笔，第五章第二节由山西大同艺苑美术培训中心李中春、天津杨景芝艺术分中心孟掌红主笔，第五章第三节由浙江台州创意多多艺术中心龚虹辉主笔。

图书在版编目（CIP）数据

儿童原创艺术引导 / 杨景芝主编.
-- 武汉 : 湖北美术出版社, 2016.8（2025.1）重印
（中国儿童原创艺术研究系列丛书）
ISBN 978-7-5394-8655-0
Ⅰ. ①儿…
Ⅱ. ①杨…
Ⅲ. ①儿童教育—美术教育
Ⅳ. ①J-4
中国版本图书馆CIP数据核字(2016)第170195号

版式设计： 石 赛 何丽璇
王 琛 乔晓晓
技术编辑： 李国新

出版发行： 长江出版传媒 湖北美术出版社
地 址： 武汉市雄楚大街268号
湖北出版文化城B座
电 话： （027）87679521 87679525
邮政编码： 430070
印 刷： 武汉精一佳印刷有限公司
开 本： 720mm×1025mm 1/16
印 张： 16
版 次： 2016年8月第1版 2025年1月第4次印刷
定 价： 108.00元